RESPOSTAS DE

Deus

para os dias difíceis

RESPOSTAS DE *Deus*

para os dias difíceis

SHEILA WALSH

THOMAS NELSON
BRASIL®
Rio de Janeiro, 2023

Título original
The shelter of God's promises

Publisher	*Omar de Souza*
Editor responsável	*Renata Sturm*
Produção editorial	*Thalita Aragão Ramalho*
	Daniele Duarte Dortas
Capa	*Ideia 2*
Tradução	*Aquiles Queiróz*
Copidesque	*Magda de Oliveira Carlos*
Revisão	*Rafaella Lemos*
	Taís Facina
Diagramação e projeto gráfico	*Cris Teixeira*

CIP-BRASIL. CATALOGAÇÃO-NA-FONTE
SINDICATO NACIONAL DOS EDITORES DE LIVROS, RJ

W19d

Walsh, Sheila, 1956-
Respostas de Deus para os dia difíceis/Sheila Walsh; [tradução Aquiles Queiróz]. - Rio de Janeiro: Thomas Nelson Brasil, 2016.

Tradução de: The shelter of God's promises
ISBN 978.85.7860.828-6

1. Deus – Promessas. 2. Cristãs – Vida religiosa. I. Título.

11-2725. CDD: 248.843
CDU: 27-584-055.2

Thomas Nelson Brasil é uma marca licenciada à Vida Melhor Editora LTDA.

Rua da Quitanda, 86, sala 218 – Centro – 20091-005
Rio de Janeiro – RJ – Brasil
Tel.: (21) 3175-1030
www.thomasnelson.com.br

Este livro é dedicado a um de meus amigos mais queridos,
Ney Bailey. Serei eternamente grata pela maneira
como sua vida é um lembrete radiante
das promessas de Cristo para mim.

Sumário

Agradecimentos

Sou profundamente agradecida à equipe que trabalhou comigo nesta jornada transformadora pela Palavra de Deus.

Brian Hampton, obrigada por sua liderança e sua visão.

Bryan Norman, você sempre me dá muito mais do que peço, mas dessa vez você deu a volta ao mundo duas vezes! Obrigada, Bryan.

Jeanette Thomason, obrigada por entregar-se de coração a este projeto.

Jennifer Stair, sua atenção cuidadosa a cada detalhe é uma dádiva maravilhosa.

Michael Hyatt e toda a equipe da Thomas Nelson, é um privilégio participar de uma companhia tão criativa.

Mary Graham e a família *Women of Faith*, obrigada, do fundo do meu coração, pela plataforma que me permite compartilhar com milhares de mulheres, em todo o país, o amor e a graça de Deus.

Barry Walsh, sou tão grata a você, por ter colocado seu coração neste livro. Você me ajudou ao longo de todo o caminho, e o projeto final está muito melhor, graças a você. Obrigada!

Minha gratidão mais profunda vai para você, Senhor Jesus Cristo. Obrigada por podermos fiar nossa vida a suas promessas e encontrar abrigo para nossa vida em você.

Introdução

Em uma fenda da rocha

Uma noite sozinha na tempestade

E prosseguiu o Senhor: "Há aqui um lugar perto de mim, onde você ficará em cima de uma rocha. Quando a minha glória passar, eu o colocarei em uma fenda da rocha e o cobrirei com a minha mão até que eu tenha acabado de passar."

Êxodo 33:21-22

Não importa se é o Copacabana Palace ou um motel de beira de estrada, todos os viajantes sabem da importância de encontrar um abrigo para passar a noite — um lugar onde se possa descansar, refugiar-se da fúria dos elementos ou simplesmente do dia, para saudar as promessas da alvorada e o esplendor de uma nova manhã.

Com dezoito anos eu já sabia disso.

Assim, quando eu e minhas colegas de escola, Linda e Moira, pegamos um trem em nosso lar, em Ayr, na costa ocidental da Escócia, amealhamos uma quantidade impressionante de sacos de dormir, mochilas e barracas para nosso acampamento só de meninas. Não era coisa de bandeirantes ou escoteiras, era algo mais radical. Preocuparíamos-nos com o abrigo à noite. Primeiramente, trocaríamos de trens em Glasgow, com destino a Aviemore, o centro do Parque Nacional Cairngorms.

Os Cairngorms, no lado oriental das Terras Altas da Escócia, consistem em cinco das mais altas montanhas do país, cada uma delas mais linda e inatingível que as outras. Era uma promessa de aventuras, e eu estava animada para explorar, na esperança de avistar uma águia dourada ou uma coruja da neve.

Eu amava a ideia de ser uma exploradora. Tendo nascido e sido criada na costa ocidental da Escócia, admirava os homens e as mulheres que se entregavam ao desconhecido, particularmente aqueles que viviam para contar suas histórias. Ao ver as angulosas e selvagens montanhas Cairngorms, ainda encimadas com mantos de neve, pensei: *Isso não vai ser fácil, isso de viver para contar a história.* Viver tornou-se um pensamento um pouco mais atraente.

Linda, Moira e eu desembarcamos do trem para trilharmos um território todo novo. Decidimos ir com calma no primeiro dia, caminhando apenas cinco quilômetros pela serra. O estado selvagem do lugar dava-nos um alarme silencioso para que armássemos nossas barracas enquanto ainda houvesse luz diurna suficiente. Já da plataforma do trem tínhamos nos assombrado com os vastos platôs de Braeriach e os grandes e impressionantes declives das montanhas Cairngorms. Naquele momento, enquanto íamos subindo a montanha, fomos cercadas por todos os lados por raios solares intermitentes com sinuosas brumas e sombras profundas em picos de rochas que brilhavam prateados com a neve que restara do inverno. Os interstícios revelavam penhascos brumosos, declives de granito vermelho e as mandíbulas pontiagudas da montanha.

Antes de subirmos, encontramos o que nos pareceu ser um bom lugar para armarmos nossas barracas naquela noite, e logo acendemos uma pequena fogueira para ferver água — porque, até no meio do mato, nós, os escoceses, precisamos de nosso chá. Antes de irmos para nossas barracas individuais, quis celebrar a linda noite. Subi até o ponto mais alto no entorno, para assistir o sol se pondo por detrás das montanhas.

Então desci e me enfiei em meu saco de dormir, acendi minha lanterna e li um de meus salmos preferidos. Chamado "Cântico de ascensão", o Salmo 121 me pareceu muito apropriado:

Levanto os meus olhos para os montes e pergunto:
De onde me vem o socorro?
O meu socorro vem do Senhor,
que fez os céus e a Terra.

Ele não permitirá que você tropece;
o seu protetor se manterá alerta,
sim, o protetor de Israel
não dormirá, ele está sempre alerta!

O Senhor é o seu protetor;
como sombra que o protege, ele está à sua direita.
De dia o sol não o ferirá,
nem a lua, de noite.

O Senhor o protegerá de todo o mal,
protegerá a sua vida.
O Senhor protegerá a sua saída e a sua chegada,
desde agora e para sempre.

Na vida selvagem, sons estranhos surgem por todos os lados, da mais negra escuridão que você possa imaginar: passarinhos recolhendo-se, o estalar dos ramos das árvores na brisa da montanha e o crepitar da grama com a passagem de criaturas rastejantes que eu temia que tivessem a intenção de se alojar em meu saco de dormir naquela noite. Ainda assim, o Salmo 121 me reconfortou, e embarquei em um sono profundo e pacífico, à imagem daquele lugar maravilhoso que ficou marcado em minha mente.

Quando acordei, fazia frio e garoava. A garoa é o nome que damos a certo tipo de chuva na Escócia. Não é substancial o suficiente para ser chamada de chuva, propriamente dita, mas consegue te deixar ensopada. Então, vesti algo mais quentinho para passar o dia, enquanto Moira requentava uma lata de feijão cozido e assava salsichas espetadas em gravetos sobre a fogueirinha. Fui buscar um pouco de água em um regato para fazermos chá e comemos enquanto decifrávamos o mapa. Assim que decidimos onde estávamos e aonde queríamos chegar antes do pôr do sol, começamos a juntar nossas coisas e partimos para nosso primeiro dia inteiro de expedição.

A escalada exigiu bastante de nós naquele dia, e não somente por conta da garoa. O vento soprava forte em nossos rostos. Algumas vezes não conseguíamos ver para onde ir. No entanto, na hora do pôr do sol, conseguimos marcar quinze quilômetros e sabíamos que tínhamos de encontrar abrigo do vento para armar nossas barracas.

Logo que firmei minha barraca no chão com segurança, tentei acender uma fogueira, assim como as outras.

Tentar foi o máximo a que chegamos. O vento soprava e soprava, e, às vezes, soava como lobos uivando nas montanhas.

Sentadas na escuridão e no frio, as rajadas nos açoitando, lembrei a Deus de suas promessas de "não adormecer e velar por mim".

Então, vendo que nada restava a fazer, Linda, Moira e eu decidimos que deveríamos deixar a tempestade em troca de um repouso noturno mais cedo. Vesti dois agasalhos sobre meu pulôver e me enfiei no meu saco de dormir. Escutei o vento soprar um pouco mais antes de cair, mais uma vez, em sono profundo.

Só sei que logo depois fui acordada, à noite, em um estado de confusão. No começo, não consegui me lembrar de onde estava, e, o que era mais urgente, alguma coisa pesada estava sentada sobre mim. Eu mal podia respirar. Apalpei no escuro procurando minha lanterna e dirigi seu facho para o teto de minha barraca. Algo do lado de fora havia aplainado a barraca, comigo dentro, e eu estava aterrorizada. Tentei chamar Moira e Linda para me socorrerem, mas o vento soprava forte e eu me sentia abafada pelo peso em cima de mim. Fui chutando meu saco de dormir até livrar os joelhos e empurrei a parede da barraca até conseguir escapar da pressão. Então, me arrastei para fora da barraca para ver o que teria causado tudo aquilo.

Quase pulei para fora de minhas botas quando fiquei frente a frente com uma imensa ovelha das terras altas escocesas! Não sei qual de nós duas estava mais surpresa, mas a ovelha acalmou-se mais rápido do que eu, ela claramente só estava interessada em dormir. Ainda não tenho certeza se ela havia se apoiado na barraca para uma soneca ou se havia apenas trombado com ela. Fiz uma tentativa malsucedida para remover aquele ser lanoso de minha barraca, e não fazia sentido acordar Moira ou Linda. Não havia espaço em suas barracas para outra pessoa.

O que fazer? Não achei prudente me juntar à ovelha naquele sono apoiado à barraca, então tirei meu saco de dormir de lá de dentro e tentei me arranjar com alguma parte plana do terreno. O problema de verdade era o vento. Eu sabia que não poderia dormir completamente exposta à intempérie. Mas lembrava de ter visto uma caverna ao lado da montanha quando estávamos reconhecendo o terreno. Usando minha lanterna, consegui encontrar o caminho de volta à caverna. Após me certificar de que não estava me oferecendo a nada que pudesse me considerar um lanchinho da madrugada, me arrastei para dentro.

Tentei me fazer confortável o máximo que pude, com meu saco de dormir, e ajeitei-me para o resto da noite. Ainda que o vento continuasse a uivar do lado de fora, a caverna me abrigava totalmente. Era o mais inusitado dos lugares, e mesmo me sentindo mais deslocada e exposta, foi mais confortável que qualquer outro.

Em pouco tempo, tornei a cair no sono.

Na manhã seguinte, uma luz brilhante invadiu a caverna na qual eu dormia. Arrastei-me para fora do meu saco de dormir para ver o sol nascendo, dourado e brilhante, sobre as silhuetas azuis e lilases das montanhas. A calma e luminosa quietude surpreendeu-me após as agruras da tempestade noturna. Senti como se Deus estivesse me dizendo: *Bom dia, Sheila. Você dormiu bem? Eu a mantive na fenda da rocha para que nós dois pudéssemos desfrutar disso juntos.*

Lembro-me de ter me sentido em paz e amada, a salvo, protegida e amparada.

E então escutei minhas amigas procurando por mim, em pânico. Fui subitamente arrancada daquela dádiva única, o desabrochar do esplendor da alvorada só para mim. No lugar disso, tive de tentar explicar a Moira e Linda que a amiga e companheira de viagem delas não havia se transformado em Bertha, a ovelha montanhesa.

Por fim, completamos nossa expedição, e aprendemos bastante sobre o valor de um pulôver bem grosso e de generosas xícaras de chá quente. Mais do que isso, Aviemore me fez recordar de que cada um de nós é um viajante neste mundo. A cada dia, nos dirigimos a algum lugar, como acontecia com minhas amigas e comigo naquele trem para as montanhas Cairngorms. Algumas vezes temos o espírito aventureiro para explorar, para ver até onde conseguimos ir, o quão alto conseguimos escalar. Algumas vezes temos de trocar de trens. Algumas vezes o comboio do qual fazemos parte perde seu rumo. Há acidentes. A vida acontece. Enfurnamo-nos nisso inconscientes, temerosos. Cansados, esgotados, confusos, algumas vezes nos desgarramos. Perdemo-nos do caminho. O peso da vida nos sobrepuja. Vêm as tempestades. Você não consegue aquele emprego com o qual contava. O homem que você ama não a ama de volta ou não compartilha a vida de modo tão íntimo quanto você esperava. Seus filhos, por mais que você os adore, seguem um rumo que você jamais teria escolhido para eles. Um amigo não está lá quando você mais precisa dele. As contas continuam chegando, e você não sabe como vai fazer para pagá-las. Sua saúde falha. Um ente amado morre. Você quer grandes conquistas, mas não sabe nem por onde começar. Você tem sonhos grandiosos, mas não consegue transformá-los em realidade. Ou talvez as coisas até pareçam confortáveis — mas você anseia por muito mais: o pico daquela montanha, uma alvorada.

Onde está o seu cântico de ascensão? Onde está o abrigo de Deus anunciado no Salmo 121, seu socorro, seu olho vigilante sobre suas idas e vindas, o que irá mantê-lo distante do mal?

Reflito frequentemente sobre este mistério e sobre a caverna que me deu abrigo da tempestade, da noite escura e chuvosa na montanha de Aviemore. O que deixou em mim o impacto mais duradouro foi que, na tempestade e sob pressão, Deus me levou a um local de repouso, conforto e, por fim, a um lugar de absoluta beleza. Mesmo em meio ao desconforto, à decepção e ao deslocamento, fui mantida a salvo. E, de uma fenda na rocha, um novo dia raiou, um relance de esplendor e glória, e um momento de tão linda comunhão com Deus que eu sabia que ele me amava profundamente, intimamente, certamente, tão certo quanto a rocha sobre a qual eu estava.

Na tempestade e sob pressão, Deus me levou a um local de repouso, conforto e, por fim, a um lugar de absoluta beleza.

1

Promessas, promessas

Preciso de alguma coisa na qual me agarrar

A Promessa

Pois quantas forem as promessas feitas por Deus, tantas têm em Cristo o "sim". Por isso, por meio dele, o "Amém" é pronunciado por nós para a glória de Deus.

2 Coríntios 1:20

Quando você pensa em promessas, não quer pensar no que foi partido, desfeito, descumprido. É da natureza humana querer uma garantia e alguém para nos afirmar certezas, seguranças, e eliminar as dúvidas. Mas é bem coisa de Deus pensar o impensável, nos mostrar que o impossível é possível, e que há um tipo de quebra que mantém tudo junto e no qual as promessas são mantidas.

Mas estou me precipitando.

Para mim, escolher estudar as promessas de Deus em profundidade começou com uma carta. Hoje em dia, recebo pouquíssimas cartas realmente postadas para minha caixa de correio. A maioria dos meus amigos se comunica por e-mail ou mensagem de texto, por isso, um envelope manuscrito sobre minha mesa de trabalho era uma coisa fora do comum. Eu a recolhi e abri, bastante curiosa. Então comecei a ler.

Nunca conheci a mulher que me havia escrito a carta, mas aparentemente, ela me escutara falar em um evento e sentiu uma conexão comigo. Escreveu-me a respeito das batalhas que vinha travando nos anos recentes. Não eram pouca coisa: enfermidades, problemas financeiros e o fim de seu casamento. Entre essas dificuldades, uma linha chamou minha atenção, por conta de sua profunda simplicidade:

"Eu não teria chegado tão longe se não fossem as promessas de Deus".

Tornei a ler a carta. Por um lado, havia uma enorme dor humana. Por outro, havia as palavras em um papel, escritas por um Deus que não podemos ver e amparo invisível do Espírito Santo. Para alguns, o peso pode parecer grande demais, as dificuldades e agruras intangíveis da vida desta mulher haviam deixado seu corpo, seu coração e sua alma esgotados e despidos. Ainda assim sua confiança era estimulante — de uma forma linda e pungente. Suas palavras não soavam apenas como uma vontade ingênua, mas como uma proclamação que parecia dizer, banhada em lágrimas: *eu sei porque eu sei.*

Pensei nos amigos e conhecidos que encontrei ao longo dos trinta anos em que venho falando a mulheres em todos os cantos do mundo. Lembrei-me de gente que havia enfrentado circunstâncias difíceis como a dela e lutado para encontrar esperança no meio do caos. Leio isso por meio das mensagens deixadas em minha página no Facebook, nos bilhetes entregues em minhas mãos ao fim de cada palestra. Das grutas sombrias de inúmeros corações, ouço o mesmo grito primal, a mesma pergunta, feita e refeita continuamente.

Deus esqueceu-se de mim?
Minha vida tem alguma importância?
Será que há algum plano no meio desse caos?
Como é que eu conseguir resolver?
Como vou saber que Deus se importa com minha família?
O que vai acontecer comigo quando morrer?
Será que vou morrer sozinha?
E se meus filhos se forem antes de mim?
Por que Deus não cura minha depressão?
Por que Deus não salvou meu casamento?
Como vou saber que Deus sequer escutou minha oração?

Queremos crer que Deus vê tudo, nossas idas e vindas, nosso sono e nossa vigília, como diz o Salmo 121. E precisamos desesperadamente saber e sentir que suas promessas continuam sendo verdadeiras na mais sombria das noites. Acreditamos que Deus nos ama, mas coisas ruins acontecem do mesmo jeito. Há efeitos e consequências, perigo e mágoas — dor que corre tão profundamente que sua presença, uma recordação das tempestades, invade nossas vidas mais e mais vezes.

Os fracassos, as decepções e as lamentações nos deixam fazendo a pergunta: as promessas de Deus estão mantidas quando tudo mais está ruindo? O que exatamente Deus nos prometeu? Podemos confiar nele em suas promessas?

Os fracassos, as decepções e as lamentações nos deixam fazendo a pergunta: as promessas de Deus estão mantidas quando tudo mais está ruindo?

A Promessa para Valer

A necessidade, profunda em nossa alma, de receber um "sim" para as perguntas anteriores me atingiu em cheio durante a época em que meu sogro, William, morava conosco. Ainda que nenhum de nós tivesse dito nada, meu marido, Barry, e eu supúnhamos que sua mãe viveria mais tempo que seu pai, já que William era doze anos mais velho que Eleanor.

Não foi o que aconteceu. Aos 67 anos, Eleanor recebeu o diagnóstico de câncer e só viveu por mais dois anos.

Em minha mente tenho uma lembrança vívida de William no dia do funeral de sua esposa. Barry havia levado nosso filho, Christian, ao carro, e William me pediu alguns minutos a sós na sepultura, após todo mundo ter ido embora. Sentei-me sob uma árvore coberta de musgo, com seus galhos folhosos espalhando-se por todas as direções, como um guarda-chuva projetado divinamente. Eu quis descansar um pouco e saborear não somente a paz daquele local, mas também a quietude e a beleza, depois das emoções avassaladoras e da insegurança que a morte havia instaurado nas semanas anteriores. Quando olhei para cima, William lá estava, em seu terno preto, cabelos prateados no lugar, as mãos cruzadas à frente, como um menino que havia se perdido e não sabia o que fazer em seguida.

Decidimos no mesmo dia: William iria se mudar de sua casa em Charleston, no estado da Carolina do Sul, para viver conosco em Nashville, no estado do Tennessee.

"E se vocês se cansarem de mim?" perguntou um dia, no café da manhã.

"Vovô, não vamos nunca nos cansar do senhor", eu disse. "Seu lugar é aqui. Éramos uma família de três pessoas, agora somos uma família de quatro pessoas."

"Quais são as regras da casa?", perguntou.

"Bem, nós temos uma lista bem comprida", disse com um sorriso. "Ser gentil uns com os outros e, se você cair, rir bastante, levantar-se e sacudir a poeira."

Barry, Christian e eu amávamos ter William em casa. Ele era engraçado, doce e um grande cozinheiro. Sua sopa de quiabo tornou-se uma lenda! Estávamos muito contentes por tomar conta dele e simplesmente desfrutar de sua presença. Então um dia alguma coisa aconteceu, o que o fez — mentalmente, ao menos — preparar as malas. Estávamos conversando sobre algum assunto à mesa de jantar. Não me lembro do que se tratava, mas, seja lá o que eu estivesse falando, William discordava de mim e fazia questão de deixar bem claro seu descontentamento. Fiquei um pouco surpresa com o tom de sua voz, já que não era típico dele fazer isso, mas supus que talvez estivesse irritado por conta da dor em seus joelhos, que andava lhe roubando o sono. Ficamos todos em silêncio por um momento, então ele afastou a cadeira da mesa e subiu as escadas para ir para seu quarto.

Depois de uma hora ele ainda não tinha descido, então decidi ver se ele estava passando bem. Bati na porta de seu quarto, e William me convidou a entrar. Sentado na ponta de sua cama, com as mãos dobradas sobre o colo, ele tinha o olhar daquele mesmo garoto perdido plantado à beira da sepultura, sem saber exatamente o que fazer em seguida. Sentei-me a seu lado.

"Bem, e agora?", perguntou.

"Como assim?"

"Então. É para eu partir agora?"

Fiquei chocada. "É claro que não. Por que está perguntando isso?"

"Bem, eu sei que você disse que eu poderia ficar para sempre." Fez uma pausa. "Mas eu descumpri as regras."

Rememorei seu comentário à mesa e entendi que, para ele, deixar a mesa representava uma falta de gentileza comigo. Vendo-o indefeso, meu coração condoeu-se por ele, e tive de ajudá-lo a compreender. "Vovô, as regras podem nos dar alguma ordem, mas é o amor e a graça que fazem a vida valer a pena. Seu lugar é aqui, agora. Você pode fazer sua bagunça, da mesma forma que qualquer um de nós. Você faz parte da família, e não vamos a lugar algum sem você. Jogamos fora os recibos quando o trouxemos para essa casa. O senhor veio para ficar."

A Promessa mais Antiga que Moisés

Manter é o que ansiamos e o que Deus nos promete. Esperamos, torcemos, oramos por promessas nas quais podemos confiar, faça chuva ou faça sol, para abrigar nossos corações e nossos seres, nossos sonhos e nossos atos. Queremos que essas promessas sejam mantidas, ainda que tenhamos nos enrolado (se assim achamos) ou que outro alguém tenha se enrolado.

É um anseio tão antigo quanto as eras ancestrais, mais velho que Moisés, esse anseio por promessas feitas e promessas mantidas. De fato, é Moisés que imagino quando penso em promessas: Moisés, que foi chamado para liderar o povo de Deus no caminho da escravidão à Terra Prometida. Moisés, que foi chamado de amigo de Deus. Moisés, que falava com Deus como um homem fala com seu amigo (Êxodo 33:11). Mas também há o Moisés que duvida (Êxodo 3:10-4:13) e o assassino (Êxodo 2:11-14), o tão humano Moisés que sentiu raiva e medo, decepção e desânimo. Penso em Moisés que sentiu — assim como William se deu conta em nosso lar, e como descobri naquelas noites tempestuosas nas montanhas Cairngorms — que Deus faz e mantém suas promessas a nós, não importando se nos mantemos fiéis a ele.

A parte da história de Moisés que para mim se destaca é quando ele orou a Deus para que ele lembrasse de suas promessas (Êxodo 33:12-17). Moisés havia recebido de Deus os Dez Mandamentos e os havia trazido do alto do Monte Sinai somente para descobrir que seu povo não estava preparado para recebê-los.

Cansados de esperar no deserto por Deus e por Moisés, o povo havia feito um bezerro de ouro de suas próprias joias — anéis e brincos. Estavam adorando sua própria criação, procurando por promessas que eles mesmos poderiam controlar ou cancelar à vontade, em vez de confiar nas promessas de Deus, a promessa que os havia levado à Terra Prometida.

Moisés entrou em cena e, enraivecido ao ver o bezerro de ouro, jogou as tábuas de pedra onde estavam escritos os Dez Mandamentos no chão. *Como é que o povo não pôde esperar Deus? Como eles não puderam ver que Deus está fazendo acontecer tudo o que ele havia prometido?* Pedregulhos e poeira, lascas e cacos espalharam-se como promessas partidas ante os pés de Moisés. Tendo acabado de chegar da gloriosa presença de Deus, ele ficou decepcionado e devastado.

Deus também estava devastado. Tanto que disse a Moisés que talvez fosse melhor abandonar seu povo.

Oh, não. Moisés implorou. *Se o Senhor não for comigo, conosco, como poderei liderá-los? Aonde irei? Deixe-me conhecer seus caminhos. Deixe-me ver sua glória para que eu possa conhecê-lo.* "Então Moisés lhe declarou: 'Se não fores conosco, não nos envies. Como se saberá que teu povo e eu podemos contar com o teu favor se não nos acompanhares? Que mais poderá distinguir a mim e a teu povo de todos os demais povos da face da Terra?'" (Êxodo 33:15-16).

Deus, movido por Moisés e incapaz de abandonar aqueles que ama ou resistir a seus apelos, já havia planejado uma forma de manter a promessa e permanecer com eles. Na poeira e nos cacos de suas tábuas quebradas, sua Palavra manteve-se verdadeira, suas promessas foram mantidas. Deus olhou para Moisés quando este implorou não só para manter-se na presença de Deus, como também para enxergar toda a sua glória. Deus, cujo coração estava despedaçado como as tábuas de pedra, começou a recolher as peças.

Imagine Deus, após ter testemunhado a rejeição do povo que ele acabara de resgatar, dizendo a Moisés: "Terei misericórdia… terei compaixão" (Êxodo 33:19). É como se Deus, tendo observado o povo profanando e arrasando o abrigo de sua cobertura, estivesse disposto a oferecer aquelas peças de si mesmo, reunindo-as, reposicionando-as. Então, em um ato de grande misericórdia, disse a Moisés para recolher novas pedras para as tábuas nas quais sua Palavra seria escrita para o povo. Mesmo quando eles demonstraram ser completamente infiéis, ele permaneceu disposto a começar tudo de novo.

O abrigo que Deus fez para Moisés foi a fenda de Horebe, uma fenda destinada não somente a protegê-lo das tempestades, mas uma oportunidade de ver sua glória. O que aprendemos com Moisés, no entanto, estende-se além da cena dos Dez Mandamentos. Havia um tema maior das promessas e provisões de Deus acontecendo naquele momento. O comentarista bíblico Matthew Henry explica desta forma:

> Uma descoberta completa da glória de Deus iria avassalar até o próprio Moisés. O homem é mesquinho e indigno dela; fraco e incapaz de suportá-la; culpado, só poderia ter medo dela. A demonstração misericordiosa que foi feita em Cristo Jesus somente pode estar acima de nós. O Senhor concedeu o que seria abundantemente satisfatório. A bondade de Deus está em sua glória: e ele fará com que o conheçamos pela glória de sua majestade. Sobre a rocha havia um lugar adequado para que Moisés visse a bondade e a glória de Deus. A rocha de Horebe era equivalente a Cristo, a Rocha; o refúgio, a salvação e a força. Felizes são aqueles que se erguem sobre essa Rocha. A fenda é um emblema de Cristo açoitado, crucificado, ferido e assassinado.[1]

A fenda em Horebe é um símbolo que aponta para Cristo, que é a fenda definitiva, a Rocha das Eras, a fenda para nós. Como explica Henry, para Moisés, a fenda não estava ali somente para protegê-lo. Era também o local santificado onde Deus poderia deixá-lo ver um relance de sua glória, sua majestade. E, da mesma forma, Cristo é aquele sobre o qual Deus derramou toda sua glória e majestade para que pudéssemos ver de relance o Todo-Poderoso e ficar em segurança pela abundância de suas provisões.

Cristo é a fenda, o guardião

Este é o abrigo de todas as promessas de Deus: Deus não somente mantém sua promessa, como também anseia para que nos mantenhamos nelas. Como acontecia nos castelos de épocas passadas, feitos de pedras e rochas, a torre mais central era chamada de "guardiã" e fornecia abrigo, um lugar para habitação, uma estação de operações onde a defesa, sob cerco, se concentrava. Geralmente um poço era construído no centro da guardiã para que os que lá se abrigassem tivessem não só meios para suportar, mas pudessem também prosperar.

Este é o abrigo de todas as promessas de Deus: Deus não somente mantém sua promessa, como também anseia para que nos mantenhamos nelas.

No Reino de Deus, há um guardião também, e este é Cristo. Como é belo que Deus tenha projetado uma maneira de nos fornecer a força pela pessoa que despedaçamos por meio de nossos pecados. É tão adequado que a rebelião dos israelitas, que teve como consequência a quebra das tábuas de Deus, seja um reflexo do estado em que deixaríamos seu filho. Anos-luz além desses fracassos, porém, nosso Pai amoroso e mantenedor de promessas encontraria uma maneira para nos manter, para nos dizer sim quando pedimos por perdão, proteção e um relance de sua glória. Esse eterno Sim, esse Abrigo da promessa é Cristo.

Enfrentando algumas decepções e desânimos, o apóstolo Paulo fez os Coríntios lembrarem-se disto:

> Pois quantas forem as promessas feitas por Deus, tantas têm em Cristo o "sim". Por isso, por meio dele, o "Amém" é pronunciado por nós para a glória de Deus.

> Ora, é Deus que faz que nós e vocês permaneçamos firmes em Cristo. Ele nos ungiu, nos selou como sua propriedade e pôs o seu Espírito em nossos corações como garantia do que está por vir.
>
> 2 Coríntios 1:20–22

Repouse por um momento na beleza que vem dessa frase: "Ele nos selou como sua propriedade." Deus nos reclamou para si por meio de Cristo — assumiu um compromisso para toda a eternidade, e que não pode descumprir. Mas ele não somente nos selou e nos colocou de lado como um frasco quase vazio lá em um canto qualquer do armário. Não, Deus fez *muitas* promessas a seu povo, e todas elas voltaram com Cristo. Eis como outro comentarista bíblico explica a questão:

> Estas promessas estão todas em Cristo, com quem e em quem poderiam elas estar se não com ele, já que ele só existiu quando elas foram feitas, o que foi para sempre? Com quem e em quem poderiam ser de direito, se nele, com quem a aliança que contém essas promessas foi feita, e quem se responsabilizou por ela? Onde mais poderiam estar a salvo e em segurança senão nele, em cujas mãos estão as pessoas, a graça e a glória de seu povo? Não em Adão, nem nos anjos, nem em si mesmos, somente nele... cujo sangue, a aliança e todas as suas promessas estão ratificadas e confirmadas, e em quem, que é a verdade delas, todas estão cumpridas.[2]

Entretanto, por que Deus faria isso? Por que, logo quando nós descumprimos tantas promessas para ele? Construímos nossos próprios bezerros dourados e faltamos com nossa palavra nossos votos, nossas promessas para Deus. Dizemos que acreditamos nele e em suas promessas quando precisamos delas ou queremos alguma coisa. Mas quando as coisas não dão certo do jeito que deveriam ou alguma coisa ruim acontece, uma tempestade se aproxima ou somos abandonados à espera de respostas como um israelita no deserto, não podemos ser infiéis. Algumas vezes, na nossa dor e em nosso pânico, esquecemos de Deus, esquecemos de suas promessas.

Por que Deus gostaria de nos manter e manter suas promessas a nós quando fazemos tanta confusão?

A Bíblia nos recorda de uma verdade que muitas vezes esquecemos, uma verdade que brilha clara como o dia: porque Deus não pode evitar. A força de sua justiça e misericórdia, que são eternas e formaram sua aliança conosco, são as fundações irremovíveis sobre as quais suas promessas são feitas. Deus não muda, tampouco mudam as glórias de sua pessoa e a salvação que ele engendrou para nós. As promessas de Deus são tão confiáveis quanto ele. Porque elas *são* ele.

As promessas de Deus são tão confiáveis quanto ele. Porque elas* são *ele.

As promessas de Deus não são como as nossas

Há uma história no Antigo Testamento sobre um profeta chamado Balaão, cuja jumenta falou a ele (Números 22:22-35). Balaão poderia ser um profeta, mas era um profeta pagão, e não se preocupava com os interesses de Deus nem contava com as suas promessas ou as recebia. Só estava atrás de seus próprios objetivos e fins. Até a jumenta de Balaão pôde ver que ele estava em perigo. Assim, quando Balaão partiu na estrada em busca de seus interesses, a jumenta empacou, fez uma curva em direção a um campo, comprimiu o pé de Balaão contra um muro em uma passagem estreita, e chegou a se deitar, recusando-se a seguir.

Balãao, enfurecido, espancou sua jumenta, que retrucou: *Não vê que você me montou a vida toda e eu nunca fiz nada disso antes? Por que não para, olha e se dá conta do que está se passando*?

Que palavras sábias: pare para dar uma olhada e se dar conta do que está se passando.

O que Balaão descobrirá, e, no fim, contará a seu povo, é o que está realmente se passando: "Deus não é homem para que minta, nem filho de homem para que se arrependa" (Números 23:19). Essa não é exatamente uma declaração de fé de Balaão porque ele, até o fim, leva mais fé nas promessas dos homens e de suas riquezas do que nas promessas de Deus. Mas Balaão não tinha como não reconhecer essa verdade: Deus não pode mentir. E isso vindo de um homem que, como nos foi dito, não tinha amor por Deus nem nenhuma vontade de mudar seus modos egocêntricos. Amo o fato de que quem nos deu essas palavras não foi um seguidor devoto de nosso Pai, mas um marginal que reconheceu a verdade de quem Deus é e que faz o que ele diz que fará, sem exceções.

Quando estudava a palavra *promessa,* no Antigo Testamento, me deparei com um fato muito interessante. As duas palavras hebraicas que traduzimos para nossa língua como "promessa" são as palavras *dabar,* significando "dizer" e *omer,* significando "falar". Em outras palavras, quando Deus diz alguma coisa, quando Deus fala, é o melhor que há. Ele quer dizer o que diz e ele só diz o que quer dizer. Nós, a humanidade, tivemos de inventar a palavra "promessa" porque não dá para confiar em tudo o que dissemos ou falamos, por isso tivemos de criar uma nova palavra. Mas quando Deus fala, ele não pode mentir.

Esta é a pedra fundamental deste livro. Quando Deus nos faz uma promessa, ele não pode faltar. Se um profeta pagão pode compreender isso, quanto mais podemos fazer nós que fomos restaurados por Deus?

Esta é a pedra fundamental deste livro. Quando Deus nos faz uma promessa, ele não pode faltar.

A LUTA PARA CONTAR COM ELE

Quando estava visitando a Escócia, no verão de 2009, para comemorar o octogésimo aniversário de minha mãe, pude ver mais uma vez que há uma esperança inerente a nossos corações de que podemos contar com as promessas que nos foram feitas, não importando se temos cinco anos de idade ou oitenta. Minha mãe é uma dona de casa muito cuidadosa — ou *canny*, como dizemos na Escócia. Ela tem vivido com uma renda modesta e invariável, e sabe como manejar bem um orçamento, mas tem sido levada por uma série de esquemas e golpes de marketing, simplesmente porque eles prometem generosos retornos em compras feitas por meio dos catálogos. Dessa forma, seu banheiro está ocupado por cremes para os pés da Holanda e sua cozinha por *macarrons* da Bélgica.

Tentei argumentar com ela que havia assistido na televisão denúncias sobre esses esquemas fraudulentos. Mas esse tipo de suspeita estava fora da integridade pessoal da minha mãe, e ela não podia acreditar. Como é que alguém poderia fazer promessas tão ousadas se não tivessem a intenção de cumprir tudo o que disseram?

"Como é que eles poderiam imprimir assim, preto no branco, se não fosse verdade?"

Esta é a luta primária que devemos travar aqui na Terra antes de podermos prosseguir e receber as promessas de Deus. Temos de separar as promessas que talvez não sejam cumpridas das promessas de Deus, que nunca faltará para conosco. Passamos a vida toda sofrendo enganos, corrupção e malícia em um prato da balança, e uma simples e profunda promessa está no outro prato: Deus não pode mentir. Nossa experiência humana não se sincroniza com uma verdade celestial.

Temos de separar as promessas que talvez não sejam cumpridas das promessas de Deus, que nunca faltará para conosco.

Pergunto-me se temos tanta dificuldade em acreditar nisso, repousando nas promessas de Deus, porque já mentimos tantas vezes ou porque tantas promessas feitas na Terra foram descumpridas. Pense por um momento no clima cultural em que crescemos. Vivemos em uma época em que aqueles que querem nos vender algo têm fácil acesso a nós por meio da televisão, do rádio, da internet, e até de nossos telefones celulares. Eles nos dizem: *se você seguir essa dieta, perderá dez quilos em dois dias. Se você usar esse creme facial, vai parecer vinte anos mais jovem em duas semanas. Se você usar esse xampu, seu cabelo terá volume e brilhará ao flutuar na brisa.*

A parte sensata entre nós sabe que tais promessas não fazem sentido, mas não há outra parte de nós que anseia por acreditar que milagres podem de fato acontecer? E não pensamos, de algum modo: *certamente esse tipo de promessa não poderia ter sido feito se não fosse verdade?*

Nossa cultura nos leva a pensar nas promessas como uma realização pessoal, quando, na verdade, as promessas de Deus não tratam de nós, mas tratam dele e de sermos salvos por ele. As promessas de Deus são uma expressão de sua santidade.

Lembro-me de estar assistindo à televisão em uma noite com meu filho, Christian, que tinha quase cinco anos na ocasião. Estava chegando a época do Natal, e estávamos enfrentando a avalanche costumeira dos brinquedos que você tem de ter. Um comercial interrompeu o filme *O grinch que roubou o Natal* para vender uma nova vara de pescar para crianças que garantia pescar um peixe em cinco minutos "ou seu dinheiro de volta".

Christian perguntou se poderíamos comprar uma dessas.

Disse a ele que seu pai e eu ficaríamos felizes em comprar para ele uma vara de pescar, mas que pescaria é uma habilidade que se aprende, e que ninguém pode prometer que você irá pescar um peixe em cinco minutos.

Nunca vou me esquecer do modo como Christian olhou para mim com seus grandes olhos castanhos e disse: *Mas eles acabaram de dizer isso na televisão. Eles não iriam mentir, mamãe.*

Meu coração condoeu-se quando me dei conta de que ele estava começando a experimentar como é viver em uma cultura que é fortalecida ao contar mentiras, sem desculpas;

que existe diferença entre as promessas feitas pelos vendedores nas propagandas, entre nós, e mesmo entre as promessas que fazemos a nós mesmos, e as promessas de Deus.

Sentada naquele sofá, acompanhando as estrepolias do personagem do Dr. Seuss, pensei em meu amor por Christian. Pensei no quanto Barry e eu queríamos mantê-lo a salvo e com saúde, vivendo com propósito e paixão; no quanto amamos olhar em seus olhos e ver um pouco de nós mesmos, mas alguma coisa mais, alguma coisa única, linda e surpreendente. O quanto queremos desfrutar dele para sempre — uma nova capacidade em nossos corações que Deus nos deu por meio da paternidade e maternidade, um reflexo de seu amor por nós. Ainda que desapontemos Deus vez por outra, ele nos ama e diz: *Vocês podem me estilhaçar, como fizeram com minhas Palavras nas tábuas de pedra. Vocês podem me deixar em pedaços, e eu ainda irei amá-los. Vou ficar com vocês. Vou criar um lugar, uma fenda na rocha para vocês, para mantê-los e na qual vocês poderão erguer-se e firmar-se.*

Deus nos guarda não só para nos dar um futuro, mas também para refletir sua glória. Ele nos mantém suas promessas porque não pode evitar. Ele não pode mentir, e tem muito amor por sua criação.

Deus nos guarda não só para nos dar um futuro, mas também para refletir sua glória. Ele nos mantém suas promessas porque não pode evitar.

Da fenda, de volta ao jardim

Desde o começo Deus fez uma promessa e tinha um plano. Você pode rastrear sua promessa de volta até o Jardim do Éden. Quando Eva desobedeceu a Deus, quando ela comeu o fruto da árvore do conhecimento do bem e do mal e a compartilhou com seu marido, Adão, perdemos nosso lugar no Paraíso. O pecado tornou-se nossa marca de nascença. Mas Deus, em sua graça e misericórdia, nos prometeu redenção antes de banir Adão, Eva e nós daquele lugar perfeito, sem dor, sem preocupações, sem tempestades. Gênesis 3:14-15 captura o momento:

> Então o Senhor Deus declarou à serpente:
>
> *Já que você fez isso,*
> *maldita é você entre todos os*
> *rebanhos domésticos*
> *e entre todos os animais selvagens!*
> *Sobre o seu ventre você rastejará,*
> *e pó comerá todos os dias da sua vida.*
> *Porei inimizade entre você e a mulher,*
> *entre a sua descendência e o descendente dela;*
> *este lhe ferirá a cabeça,*
> *e você lhe ferirá o calcanhar.*

A promessa era que a semente de Adão e Eva iria esmagar a cabeça de Satanás e destruí-lo para a eternidade. Satanás iria ferir o calcanhar de Cristo, quer dizer, haveria dor e sofrimento no caminho do Messias. A semente são de Jesus Cristo.

As promessas de Deus para você e para mim hoje são de que há um limite para o tempo no qual o inimigo poderá ter livre reino sobre essa Terra, e que, mesmo durante esse tempo e espaço limitado, o próprio Cristo caminhará entre nós.

Sempre que me deparo com uma passagem difícil de minha vida ou de algum amigo, me lembro mais uma vez que somos viajantes neste mundo, em direção a nosso verdadeiro lar com Deus. Mas nos deparamos com desvios em nosso caminho. Cada desvio nos leva do jardim à cruz na colina, onde o próprio Cristo pagou o sacrifício definitivo para que nos tornemos livres. Mesmo quando Cristo foi deposto em uma sepultura cavada em uma fenda na rocha, ele foi para lá como o cumprimento de uma promessa de Deus para você e para mim, para que a morte fosse engolida em sua vitória, porque sepultura alguma poderia detê-lo.

Não posso me esquecer daquela noite em que estava nas Cairngorms, de como encontrei meu caminho até aquela fenda na rocha e encontrei um lugar para me abrigar. Somos todos convidados, em meio às piores tempestades de nossas vidas, a encontrar nosso abrigo seguro em Deus. Deus forneceu abrigo para Moisés não no momento de triunfo brilhante, mas quando seu coração estava partido pela falta de fé daqueles ao seu redor. Quando o povo falhou, a glória de Deus fez com que o rosto de Moisés brilhasse enquanto Deus reiterava suas promessas mais uma vez. Nossa infidelidade nada pode fazer para diminuir a fé de Deus. Podemos confiar nossas vidas em tudo o que Deus disser, e Cristo veio para nos mostrar quem nosso Pai é. Em Cristo, todas as promessas de Deus estão cumpridas, porque, não importando quantas promessas Deus tenha feito, elas serão todas "sim" nele (2 Coríntios 1:20).

Podemos confiar nossas vidas em tudo o que Deus disser.

Isso não é lindo? Não é tão misteriosamente complicado e ainda assim simples? Não é bem coisa de Deus isso de reduzir as coisas a seu modo mais elementar? Em sua criação, há trevas e há luz. Há o princípio e o fim, os céus e a Terra, a água e a rocha, o corpo e o sangue, seu coração partido e o dele.

Normalmente, duvidamos se uma pessoa que faz uma promessa será a pessoa que manterá a promessa quando tudo estiver terminado. Mas um testemunho da compensação substituta de Cristo é que a mais difícil das promessas de Deus foi mantida. O Pai é verdadeiramente o único Prometedor a ser um bem-disposto Mantenedor de promessas. Uma promessa feita por Deus é uma promessa mantida.

Existem suas promessas e seu compromisso inquebrantável de mantê-las.

Existe Cristo. Existe o sim.

2

Providência

Não tenho o suficiente

A Promessa

O meu Deus suprirá todas as necessidades de vocês, de acordo com as suas gloriosas riquezas em Cristo Jesus.

Filipenses 4:19

Christian estava prestes a completar quatro anos, e seu pai e eu estávamos preparando a festa. Como mencionei, William, meu sogro, estava morando conosco desde que sua esposa havia morrido, no ano anterior, então ele também estava totalmente imerso no esforço da festa. Queríamos celebrar Christian para que ele soubesse o quanto nós o amávamos. Como é que você pode demonstrar uma vida inteira de amor em um momento, um dia? Era o que nós nos perguntávamos sentados à mesa do café, cada um com seu exemplar da revista local para os pais aberta na página de anúncios.

"E que tal um palhaço?", sugeriu William.

"Pode ser legal", eu disse, "ainda que, algumas vezes, os palhaços pareçam assustadores para as crianças mais novinhas."

"Acho que gostaria de um castelo inflável pula-pula", disse Barry.

"É verdade, esses são divertidos", concordei. "Também ouvi falar muito bem de um cara que vem do zoológico com alguns animais pequenos e ensina sobre eles para as crianças."

"Pequenos como?", perguntou Barry.

"Bem... como guaxinins e lagartos e cobrinhas", disse.

"Cobras!", William tremeu. "Puxa, eu odeio cobras!"

"E que tal isso?", Barry mostrou a página da revista com a foto de duas lhamas.

"Para que servem?", perguntou Barry.

"É como passear nos pôneis. Só que não são pôneis, são lhamas."

"Gosto disso", disse.

Por fim, reduzimos as opções para seis possibilidades. Barry disse que iria ligar para verificar a disponibilidade para as datas que desejávamos e saber os custos. Eu enviei os convites, encomendei o bolo e orei para que tivéssemos um domingo ensolarado. Quando a data do aniversário já estava próxima, perguntei qual opção de entretenimento ele havia escolhido.

"Ah", ele disse. "Isso será surpresa."

A frase "Oh, gálatas insensatos!" me veio à mente enquanto me questionava se deveria fazer mais perguntas a Barry e tentava imaginar qual, entre tantas opções, ele iria escolher. Mas ignorei.

Então chegou o dia do quarto aniversário de Christian, e o sol da manhã parecia dizer que tudo seria perfeito. A festa estava prevista para começar às duas da tarde e terminar às cinco. Uma perua parou na entrada de nossa casa. No anúncio lateral estava escrito: "Infláveis para festas."

"Ótima escolha, Barry", disse. "Christian vai amar!"

Barry parecia um pouco confuso. Eu pensei na ameaça do estampido de crianças de quatro anos prestes a arrasar nosso gramado. Christian foi tomado de excitação à medida que via o gigantesco castelo inflável tomando forma. William pôs-se à entrada de casa para dar boas-vindas aos convidados à medida que chegavam, e eu conduzia as mães e crianças até o quintal.

"Sheila!"

Ouvi o grito de William me chamando, com uma ponta de preocupação, e corri para a porta da frente. Ele apontava para a entrada onde duas garotas estavam segurando as rédeas de três pôneis. Outra garota estava à nossa porta.

"Olá!", disse. "Esses pôneis são para a festa dos Walsh?"

Ela me garantiu que eram, e eu as conduzi, dando a volta pela casa, até o quintal. Christian e seus amigos estavam animados e formaram uma fila para cavalgar nos animais.

Ok, então Barry contratou o castelo e os pôneis, pensei. *Isso é divertido, porque não se faz quatro anos todos os dias.*

"Sheila!"

Voltei à porta da frente a tempo de ver Crackles, a palhaça, vestindo sua peruca vermelha da cor do carro de bombeiros. Um narigão vermelho e uma buzina espalhafatosa anunciavam sua chegada com três apitos curtos.

"Você está aqui para a festa dos Walsh?", perguntei, atônita.

Ela respondeu com uma apitada ensurdecedora.

Decidi que era o momento oportuno para perguntar a Barry porque metade das atrações de festas infantis da cidade estava estacionada em frente à nossa casa, mas nem cheguei tão longe.

"Sheila!"

Já fui atender a chamada com medo. William estava na entrada com a cara de quem tinha sido atropelado por um caminhão, vendo Jim das Selvas começando a descarregar seu minizoológico de pequenos animais. Ainda que eu tivesse a chance de fazer a fatídica pergunta, Penélope, a pintora de rostos, chegava.

Agora tínhamos oficialmente um circo completo armado em nossa casa.

Eu adoraria dizer a vocês que aquela loucura acabou naquele momento, mas ainda restava uma surpresa. As crianças já tinham dado suas voltas montadas nos pôneis, e tinham os rostos pintados com todas as cores do arco-íris. Tinham se fartado de pular no castelo e de gargalhar das piadas sem graça da palhaça, e agora estavam sentadas em semicírculo para assistir à Jim das Selvas.

Nesse momento, William já estava deitado, murmurando coisas para si mesmo. Escutei o toque da campainha, e pensei, seriamente: *é melhor eu nunca mais atender essa porta.* Muito nervosa, girei a maçaneta e espiei pela fresta. Fui saudada por um homem apressado que se desculpava por estar atrasado. Atrás dele estavam duas imensas lhamas.

Quando as crianças enfim se foram, todas elas disseram que aquela tinha sido a melhor festa de todas.

As mães não pareciam tão animadas. "O que é que teremos que fazer agora em nossas festas?", uma delas perguntou. "Contratar um ônibus espacial?."

Murmurei alguma coisa sobre ter deixado tudo por conta de Barry, o livro dos Gálatas, e sobre nunca mais dar uma festa. No fundo do coração eu conhecia seus receios de que suas festas decepcionassem suas crianças ou não parecessem legais "o suficiente". Se elas soubessem que estávamos oficialmente falidos!

dos no céu", mas é mais provável que signifique a máxima satisfação das necessidades espirituais, apropriada ao poder que fora dado a Jesus. "Riquezas" faz referência à abundância da provisão de Cristo. "Glória" refere-se à completude de seu poder. Ele está dizendo que Deus é fiel e que não decepcionará. Suas provisões estarão em manter a riqueza de sua misericórdia demonstrada em Jesus Cristo. Ele cuida dos seus.

O medo que temos é o de esgotar ou de não ter o suficiente quando os momentos ruins chegarem. O medo surge de uma crença profunda de que os momentos serão certamente insuportáveis e que teremos grandes necessidades que não poderão ser atendidas.

A promessa é que Deus conhece nossas necessidades e que proverá abundantemente além do que podemos justamente esperar. Nosso sinal de confiança é a graça abundante de Cristo ao nos dar sua vida. Como podemos não confiar em tal provisão?

Provisão quer dizer que Deus irá prover por nossas necessidades muito mais do que podemos imaginar.

Não sei em que situação você se encontra nesse momento, — quais são suas necessidades específicas — sejam elas financeiras, amorosas ou espirituais — ou se você anseia por uma cura. Talvez você tenha necessidades em cada uma dessas áreas. A necessidade de cuidarmos de nós mesmos é profunda em cada um de nós. E quando não podemos, ou quando alguma grande necessidade sobrepuja nossa capacidade de lidar com ela, o medo e o desespero que nos invadem podem ser brutais. A força de tal necessidade e o medo podem cair sobre você como uma besta faminta ameaçando comê-lo vivo.

É um sentimento com o qual Jesus está familiarizado.

JESUS CONHECE SUAS NECESSIDADES

É o começo do terceiro ano do ministério de Jesus, e os discípulos têm atravessado com ele algumas situações difíceis. Escutaram seus ensinamentos com autoridade, viram seu amor pelas pessoas mais improváveis e testemunharam tantos milagres — como ele proveu o melhor vinho em um casamento e saúde para a sogra de Pedro. Observaram cada passo seu e agora estão sendo enviados cada um para seu lado:

> Chamando os Doze para junto de si, enviou-os de dois em dois e deu-lhes autoridade sobre os espíritos imundos.
>
> Estas foram as suas instruções: "Não levem nada pelo caminho, a não ser um bordão. Não levem pão, nem saco de viagem, nem dinheiro em seus cintos; calcem sandálias, mas não levem túnica extra; sempre que entrarem em uma casa, fiquem ali até partirem; e, se algum povoado não os receber nem os ouvir, sacudam a poeira dos seus pés quando saírem de lá, como testemunho contra eles."
>
> Eles saíram e pregaram ao povo que se arrependesse. Expulsavam muitos demônios, ungiam muitos doentes com óleo e os curavam.
>
> MARCOS 6:7–13

Os discípulos se maravilharam com as instruções de Jesus. Talvez não com a primeira instrução — a de seguir em duplas. Eles sabiam que a lei judaica (Deuteronômio 17:6) exigia pelo menos duas testemunhas para corroborar uma história; eles provavelmente sentiam-se confortáveis uns com os outros em terem um parceiro para a estrada e em não ficarem sozinhos. Mas e as outras instruções? Essas causavam mais preocupações: levar muitas coisas, nada de dinheiro ou comida, somente um bordão (uma vara), provavelmente para enfrentar animais selvagens (eles deveriam ter ido à festa de Christian!), aceitar o primeiro lugar que lhes fosse oferecido para repousar e permanecer lá até ter concluído a tarefa na cidade, nada de tentar melhorar de acomodações. *O que Jesus esperava deles? Que mendigassem seu caminho pelos vilarejos?*

O mais desconcertante era que os discípulos estavam sendo enviados por Cristo para expulsarem demônios e curar os enfermos. A palavra grega utilizada aqui para "enviado" é *apostellein*, o que indica uma representação oficial. Os discípulos estão sendo enviados em nome de Jesus, com sua autoridade e poder, embaixadores santos para representar sua mensagem e operar milagres. Isso é que é responsabilidade! Se uma cidade os receber, Jesus disse, estará recebendo a ele. Se não, a cidade enfrentará o julgamento de Deus por ter rejeitado a Cristo. Quando vocês encontrarem rejeição, ele acrescentou, sacudam a poeira das sandálias quando partirem — uma prática comum dos judeus quando deixam uma área de não judeus, mas improcedente quanto a deixar a casa de irmãos judeus. Sacudir a poeira das sandálias na partida seria chocante para qualquer judeu que observasse isso, era como se estivessem dizendo que eles agiam como pagãos.

Assim, as próprias instruções eram um pouco intimidantes, mas a missão era avassaladora! Para os discípulos, uma coisa é observar Jesus conduzindo milagres notáveis, outra é ser enviado para fazer o mesmo.

Uma coisa é observar Jesus conduzindo milagres notáveis, outra é ser enviado para fazer o mesmo.

Como é que você se sentiria? Imagine ver Jesus transformando água em vinho em uma cerimônia de casamento, curar o coxo e o cego, e restaurar um homem que tinha lepra e outro que tinha uma das mãos inutilizada. Então ele envia você, em seu nome, para realizar as mesmas coisas. Só posso imaginar o que passava no coração e na mente dos discípulos. Eu teria dito a meu parceiro: *Vai você primeiro. Não, sério, vai em frente. Você é bom nisso. Você fica com as doenças graves, eu fico com a tosse*!

A experiência deve ter sido espantosa para os discípulos; verem Deus usar suas vidas para fazer as coisas que eles haviam observado Jesus fazer: curar os enfermos, espantar os demônios, chamar as pessoas para o arrependimento. Que diferença das suas ocupações originais: tirar peixes do mar, recolher impostos, guardar as ovelhas. E que momento excitante quando todos se juntaram a Jesus: "Os apóstolos reuniram-se a Jesus e lhe relataram tudo o que tinham feito e ensinado. Havia muita gente indo e vindo, a ponto de eles não terem tempo para comer. Jesus lhes disse: 'Venham comigo para um lugar deserto e descansem um pouco'" (Marcos 6:31).

Tenho curiosidade em saber como essa conversa se deu em particular, o grupo animado para contar tudo o que acontecera. Quase posso ouvi-los interrompendo um ao outro com excitação para contar o que eles tinham vivido. *Fale para eles, Pedro, sobre a mensagem que você proferiu naquela cidade! Você sabe quando toda a família se arrependeu e o pai estava doente e foi curado. Puxa, foi incrível! Oh, mas espera para ouvir o que aconteceu no lugar mais improvável de todos!...*

Jesus deve ter ficado muito emocionado e animado com seus amigos, mas sabemos que ele estava lutando com um pesar também. Seu coração fora partido quando soube das notícias sobre a decapitação de João Batista, porque nos foi dito que não somente havia seus amigos trazendo-lhe boas novas de milagres e arrependimento, mas havia os discípulos de João que contaram sobre esse assassinato grotesco: "Os discípulos de João vieram, levaram o seu corpo e o sepultaram. Depois foram contar isso a Jesus" (Mateus 14:12).

Herodes Antipa, o senhor dos Judeus, tinha ouvido falar sobre as coisas que os discípulos estavam fazendo em nome de Jesus e estava horrorizado. Em particular, ele respeitara João e chegou mesmo a ouvi-lo pregar. Sua mulher, Herodias, por outro lado, odiava João Batista. Não é de se admirar. João havia criticado publicamente seu casamento com Herodes, que havia se divorciado da primeira mulher para esposá-la — a mulher de seu meio-irmão. Para agradar Herodias, Herodes mandou prender João, mas "o protegia, sabendo que ele era um homem justo e santo" (Marcos 6:20). No entanto, Herodias enganou seu marido na festa de seu aniversário. Fez com que sua filha dançasse de tal maneira que todos os homens no banquete ficaram loucos. Em um ato de bom humor inebriado, Herodes ofereceu à menina a metade de seu reino. Quando ela rejeitou o reino e, no lugar disso, pediu pela cabeça de João Batista em uma bandeja, Herodes viu que havia sido emboscado. Ele havia dado sua palavra na festa e, portanto, sob os olhos da multidão, mandou um verdugo à cela de João com a instrução de matar o Batista e de trazer sua cabeça em uma bandeja para a multidão bêbada.

Nas horas que se seguiram à cena macabra, Herodes ficou ainda mais contrariado. Os discípulos vieram e imploraram pelo corpo de João, para que pudessem enterrá-lo, e, com eles, veio a notícia das coisas notáveis que estavam fazendo em nome de Jesus. Herodes ficou convencido de que o homem que ele havia executado contra sua vontade tinha retornado para assombrá-lo: "Herodes, o tetrarca, ouviu falar de tudo o que estava acontecendo e ficou perplexo, porque algumas pessoas estavam dizendo que João tinha ressuscitado dos mortos" (Lucas 9:7).

Os discípulos também devem ter ficado contrariados. João havia dado sua vida para preparar o caminho para Jesus — e sua vida terminou de modo bárbaro para uma multidão de bêbados. Onde estava Deus? E o que dizer de sua promessa de prover proteção e cuidado?

A provisão não é perfeição

Jesus ensina uma valiosa lição sobre as promessas de Deus de nos prover, mas não em um sermão com palavras. Em vez disso, ele nos mostra essa lição com sua vida, seu amor e seu pesar. Jesus está pesaroso, tanto que quer se afastar das multidões e do ministério, das notícias e das conversas.

Quando ouve falar da morte de João, o coração de Jesus fica pesado. Vemos ele afundar em espírito. Ele vê os discípulos, exaustos pelos primeiros ministérios, contrariados por enterrar o corpo sem cabeça de João, e Jesus sabe que é o momento de se retirar. As promessas de Deus parecem desbotadas e distantes. A situação parece sombria. Todos precisam se afastar para ganhar perspectiva. Marcos 6:32 nos diz, simplesmente: "assim, eles se afastaram em um barco para um lugar deserto."

Você consegue ver como Jesus nos encontra em nossas necessidades? Como ele encontrou os discípulos? Há ocasiões em que as palavras de nada servirão, quando os amigos não conseguem alcançar nosso pesar. Nossa mais profunda necessidade é de nos afastarmos com Cristo, como escreveu Thomas Hardy, "para longe da multidão enlouquecedora".

Ele compreende o medo e a fadiga, a decepção e o desânimo. Não importa o que você esteja enfrentando, Jesus compreende. Ele sabe que os corações partidos por conta da preocupação, do estresse sobre as provisões, a proteção e o cuidado no dia a dia podem corroer uma pessoa. Ele compreende a dor quando parece que Deus não está mantendo seu lado no acordo. Ele compreende que a dor pode ser drástica, quando perdemos um amigo, ou mais diariamente quando a despensa está vazia e ainda faltam duas semanas para o dia do pagamento. Ou quando uma inesperada visita ao médico deixa-nos com uma conta mais polpuda que seis meses de salário. Ou quando os convidados batem à porta, precisando de um lugar para passar a noite, e você não tem camas suficientes. Ou pode ser tão frustrante quando seu filho diz, no café da manhã, que era para ele levar duas dúzias de biscoitos caseiros para a escola naquela manhã.

Cada um de nós pode chegar ao ponto de ficar exaurido, sem saber como Deus irá nos prover. Mas quando chegamos ao fim de nós mesmos, Jesus, nossa fenda na rocha, nos chama. *Venha comigo para longe,* ele diz. *Encontre um lugar pacífico comigo. Repouse aqui comigo.*

Mas quando chegamos ao fim de nós mesmos, Jesus, nossa fenda na rocha, nos chama. *Venha comigo para longe,* ***ele diz.***

Você consegue imaginar uma chamada mais gentil do caos e das demandas da vida, para fugir de tudo com Jesus, com Deus? Pergunto-me se essa seria a razão de todos os Evangelhos — mesmo o de João, que não conta a história da decapitação de João Batista — mencionarem a retirada de Jesus. Da mesma forma que ele procurou um tempo para si quando contrariado com seu Pai, podemos procurar abrigo das demandas em nossos corpos, mentes e espíritos com ele.

Até mesmo as testemunhas, no entorno de Jesus e dos discípulos, na hora de grande necessidade, veem isso. E eles o seguem.

Veja o que ele irá fazer

Enquanto Jesus e os discípulos velejaram para um local remoto próximo à cidade de Betsaida, as multidões seguiram a pé pela costa. Observavam Jesus e, quando viram a direção em que seu barco seguia, correram mais rapidamente, à frente dele. Ainda que Jesus se dirigisse a um local desolado, a multidão que o buscava lotava a costa na hora em que seu barco chegou.

Marcos 6:34 nos conta que, quando Jesus viu as pessoas no litoral, ele teve compaixão por elas. Ele não viu uma multidão ululante, carente e esgotada, mas sim ovelhas sem um pastor. Ovelhas famintas. Ovelhas que, em algumas horas, vão estar se remoendo no jantar. Então, por enquanto, o Cordeiro de Deus fica com as pessoas. Ele está arrasado, mas mesmo assim cheio de amor; exaurido, mas; pronto para deixar transbordar seu coração ferido, seu próprio ser, como o pão espiritual de que as pessoas tanto precisam. Ele começa a ensinar e alimenta as almas famintas das pessoas.

Os discípulos estão atônitos. Sabem que Jesus está esgotado e triste por conta das notícias da morte de João. A ferida da morte de João Batista ainda está aberta para eles também. À medida que o Sol começava a se pôr, clamaram a Jesus para encerrar seus ensinamentos e dispensar a multidão. Os discípulos tinham fome e estavam cansados também.

Todos os escritores dos Evangelhos nos contam do milagre de Jesus em alimentar uma multidão de cinco mil pessoas em uma colina com dois peixes e dois pães de cevada. Afinal de contas, esse milagre é o único, tirando a ressurreição, contado em cada um dos quatro Evangelhos. Esse fato em si me faz prestar mais atenção e me pergunto o que haveria aqui de tão importante para que todos os escritores dos Evangelhos o incluísse, enquanto deixavam de fora outros milagres dos relatos. E por que cada autor enfatiza detalhes diferentes, particulares?

Mateus, por exemplo, nos dá uma versão curta e condensada dos eventos (14:13-21). Lucas é o único que observa que o evento aconteceu na região de Betsaida (9:12-17), os outros evangelistas não identificam o lugar. Marcos é quem nota que, quando Jesus sentiu compaixão pela multidão na colina, era como o de um pastor para suas ovelhas (6:33-44). João trabalha sobre o sermão que Jesus deu após os eventos na colina, para explicar como ele é o pão da vida (6:1-14).

Tomados juntos, esses relatos parecem dizer: *Isso é mais que o registro de um milagre. Essa é uma mensagem inegável sobre quem é Cristo e o que ele pode fazer.* Também há pistas sobre o que Jesus espera de nós e um desafio a respeito do que fizemos ou deixamos de fazer para trazer bênçãos e levar nossas necessidades a ele. Todas essas coisas residem em o quão humano Jesus se tornou e em quanto ele compreende nossas necessidades.

Você pode imaginar como os discípulos devem ter se sentido, se já tiver enfrentado uma situação na qual estaria a ponto de surtar, caso seus filhos, a quem você ama profundamente, pedissem só mais uma coisinha. Ou se você alguma vez já quis jogar o relógio despertador contra a parede porque não podia suportar tudo o que você sabe que vem pela frente naquele dia. Ou se você já se sentou no consultório de um médico pensando: *Se eu receber mais uma má notícia, desisto.* Ou se você foi convocado a fazer alguma coisa que sabe, sem sombra de dúvidas, que simplesmente não tem como fazer.

Essa é a situação que Filipe deve ter enfrentado, pois quando Jesus pediu a ele "Onde compraremos pão para esse povo comer?" (João 6:5), Filipe deu uma resposta exasperada. *Não temos o suficiente!* Ele diz a Jesus. *Não tem jeito de ter o suficiente. Nem mesmo com oito meses de salário de um homem conseguiríamos comprar pão suficiente para que cada pessoa possa comer um pedacinho que seja.* Você consegue ouvir o pensamento de Filipe? *Não entende, Senhor? Você está entendendo de que estamos precisando aqui?*

Pobre Filipe. Pobre de nós. Tantas vezes, quando nos deparamos com a necessidade, nós não vemos, como diz João 6:6, que Jesus já sabe o que fará. Deus já tem um plano para manter sua promessa e prover.

A PROMESSA DO QUE É POSSÍVEL

Isso faz parte de um teste, as Escrituras nos dizem. Jesus nos enviou para permanecermos com as promessas de Deus e recuarmos nele quando estivermos desanimados — para então voltarmos para fora. Será que acreditaremos no que ele promete fazer, na saúde e na doença, quando temos o que jantar e quando não temos? Será que compreendemos que, quando se trata de provisão, de qualquer maneira, não há nada que podemos fazer? Que somente em nome de Jesus, e repousando nele, nosso Abrigo, temos algo sobre o qual nos apoiarmos, e que, deste lugar, tudo é possível?

Jesus nos enviou para permanecermos com as promessas de Deus e recuarmos nele quando estivermos desanimados — para então voltarmos para fora.

Não somente Filipe, mas também todos os discípulos e uma multidão completa estão para descobrir isso. A propósito, o tamanho da multidão é notável. Os Evangelhos nos contam que há cinco mil homens e, se você acrescentar o número de mulheres e crianças, viúvas e solteiras, estamos olhando para uma multidão de umas dez mil pessoas, pelo menos. Como é que os discípulos — que não tinham comida com eles, nem mesmo um pacote de chiclete, por assim dizer — poderiam prover para toda essa gente? O fato é que eles não podem, e essa é toda a questão. Deus está prestes a fazer o que só Deus pode fazer.

Os discípulos olham para Jesus sem acreditar, quando ele pergunta: "Quantos pães vocês têm?" Eles devem ter se sentido um tanto céticos quando ele acrescenta: "Verifiquem" (Marcos 6:38).

Já passei por esses momentos. Muitas vezes fico admirada pelas coisas que não tenho, em vez de me admirar pelas coisas que Cristo me deu. Vejo isso em minha própria vida, mas vejo isso exemplificado de forma poderosa em muitos domingos, em minha igreja, na palavra de nosso ministro associado, Neal Jeffrey.

Neal, um ex-zagueiro da liga norte-americana de futebol, que jogou pelo time do San Diego Chargers, é gago desde criança. Quando escreveu seu primeiro livro, *If I Can, Y-Y-You Can!* [Se eu consigo, vo-vo-você consegue!], recebi um exemplar do manuscrito para ler. Fiquei profundamente comovida pela honestidade e vulnerabilidade de Neal. Ele sabia que Deus o havia convocado para pregar, mas isso parecia impossível para alguém com gagueira. Ele escreve sobre a decisão que mudou tudo:

> Por fim, um dia me dei conta de que não poderia mais dizer não ao que Deus estava me convocando para fazer. Então decidi: "Vou me colocar de pé e começar a falar, mesmo que todo mundo comece a rir de mim. Tenho algo a dizer, e vou começar a dizê-lo!"
>
> Sabe o que aconteceu quando tomei minha decisão? Minha vida mudou por completo. Não foi porque eu tenha parado de gaguejar — porque não parei. Minha vida mudou quando minha atitude diante da gagueira mudou.
>
> É por eu ter atendido o chamado de Deus para que eu desse tudo o que podia que ele me tornou tudo o que eu poderia ser.[1]

Que tremenda lição — uma lição que nem mesmo os discípulos podem aprender até que eles também respondam à chamada. Eles também têm de cumprir a tarefa um tanto embaraçosa de tentar descobrir, naquela imensa multidão, se alguém tinha comida escondida, e Jesus nada fazia. É João quem dá os detalhes que os outros três escritores deixaram de fora, contando como outro dos discípulos, André, irmão de

Simão Pedro, toma a palavra: "Aqui está um rapaz com cinco pães de cevada e dois peixinhos, mas o que é isto para tanta gente?" (João 6:8).

Tenho certeza de que faria a mesma pergunta que André. Tudo o que ele tinha para mostrar a Jesus no meio daquela vasta multidão era o almoço que o rapaz embrulhara. O que André e os discípulos aprenderam, e que estou aprendendo também, é que a questão não é até onde vão as provisões. A questão é em que mãos elas estarão.

Jesus está aprontando-se para sacudir a todos com a resposta de Deus. Jesus alcança o pão ordinário e os peixinhos, a comida do pobre. Marcos 6:41 nos conta: "Tomando os cinco pães e os dois peixes e, olhando para o céu, deu graças e partiu os pães. Em seguida, entregou-os aos seus discípulos para que os servissem ao povo. E também dividiu os dois peixes entre todos eles."

A palavra grega utilizada aqui para "bênção" é *eulogeo*, da qual descende nossa palavra "elogio", significando "falar bem sobre". Quando os judeus oravam antes da refeição, eles viam uma oportunidade para louvar ou elogiar Deus, não somente pela comida diante de si, mas também por quem ele é. Assim, eles não oravam "pelo que estamos prestes a receber, que Deus nos faça agradecidos". A oração tradicional era: "Abençoado sois vós, Senhor nosso Deus, Rei do mundo, que fez com que esse pão viesse da terra."

A oração para uma provisão recebida diz muito sobre nós, de acordo com o Dr. Ralph F. Wilson. Em outro artigo, intitulado "Não peça pela bênção, ofereça uma", ele observa:

> Como foi então que nós, cristãos, passamos a abençoar a comida, no lugar de abençoarmos Deus? Tradição? Hábito? Um pouco da con-

fusão pode ter advindo da tradução da passagem que acabo de citar. Na versão da Bíblia do Rei Jaime, lê-se em Mateus 26:26: "Enquanto comiam, Jesus tomou o pão e, abençoando-o, o partiu e o deu aos discípulos, dizendo: tomai, comei; isto é o meu corpo." [Almeida Revisada]. Observem o pequenino pronome "o" acrescentado após a palavra "abençoando". A palavra "o" não faz parte do texto grego, e é por isso que está grifada na edição da Bíblia do Rei Jaime. Mas "abençoe-o" significa algo bem diferente de "abençoe a Deus". Esse acréscimo de uma palavrinha pode ter corrompido a forma como oramos antes das refeições para um modo que não era de modo algum a intenção de Jesus.[2]

Eu não sabia disso! Mas não é que faz muito sentido? Por que pediríamos a Deus para abençoar a comida, quando ela já foi abençoada por sua provisão? É ao próprio Deus que abençoamos!

Assim, Jesus abençoa Deus, parte a comida, e dá a cada discípulo para que a distribuam pela multidão. E, depois que todos já tinham comido tanto o quanto desejavam, os discípulos recolheram tudo o que sobrou em doze cestas. A palavra grega empregada para "cestas" é *kophinos* e significa "uma grande cesta para ser carregada". É a mesma palavra usada para as "cestas" que os soldados romanos usavam para carregar seus equipamentos.

Em outras palavras, não havia sobras.

Deus sempre dá mais

Pergunto-me quantas vezes os discípulos tiveram de retornar a Jesus para buscar mais, à medida que distribuíam a comida a uma grande multidão. Pense nisso. Havia apenas doze discípulos, e talvez houvesse dez mil pessoas. Então eles voltam mais e mais vezes para voltar a encher suas cestas, e, a cada vez, visualizo a mensagem indo mais e mais a fundo:

Jesus pode prover mais do que você jamais precisará.
Jesus pode prover mais do que você jamais precisará.
Jesus pode prover mais do que você jamais precisará.

Com cada um desses lembretes, penso nos detalhes desta história: Jesus não apenas fez o suficiente para todo mundo, mas fez bem mais do que o bastante. Ele não escolheu um grande cozinheiro ou um grande fornecedor de alimentos naquele dia, mas sim um pobre rapaz e seu almoço modesto. Quando algumas pessoas não são reconhecidas ou são mesmo negligenciadas e ignoradas, como as mulheres e crianças da colina, naquela dia (considerando o fato de que só os homens foram contados), Jesus os usa para seus milagres e provêm a eles de qualquer forma. Afinal de contas, Deus fez com que Jesus não olhasse somente para nossas necessidades imediatas, mas também para nossas necessidades fundamentais: nosso conhecimento de que em Cristo temos nosso lugar, nosso propósito e nosso valor.

Cristo então demonstra como podemos lembrar disso. Após a multidão ter sido alimentada, e as necessidades imediatas atendidas, ele torna a recuar. Mostra-nos que até o Filho precisa de seu Pai para repouso, restauração, para a providência, a glória e o abrigo de Deus.

E assim Jesus, exausto, vai para as montanhas para ficar a sós com Deus.

Os discípulos, nesse meio tempo, voltam ao barco e se dirigem a Cafarnaum. Estão cansados por tudo o que passaram: maravilhas e provações na estrada do ministério, decepção e medo em relação ao assassinato de seu amigo João Batista, estresse por serem perseguidos pelas multidões, deslumbramento por mais um milagre de Jesus, exaustão física por conta da distribuição de comida e controle da multidão de cinco a dez mil pessoas. É claro que, neste estado, durante a noite, uma tempestade irá surgir e que as ondas se encresparão — mas não é assim que acontece na vida? Você está espremido e apertado pelas demandas, há preocupações e ansiedades sobre como é que tudo vai se resolver e, então, quando vem certo alívio, outra tempestade chega.

Assim, o vento está soprando, as ondas arrebentam contra o barco, e os discípulos estão tentando se manter juntos. Estão remando e remando, dando o máximo para se manterem à tona. Exaustão. Fadiga.

E então avistam uma figura se aproximando — um homem andando sobre a água.

Estão aterrorizados. Seus corações, assim como seu pequeno barco, estão sacolejando e afundando em confusão.

Então Jesus se identifica: "Sou eu! Não tenham medo!" (João 6:20).

Com disposição, seus discípulos o puxam para dentro do barco, e João 6:21 nos conta que imediatamente eles estão na terra para onde se dirigiam. Jesus não somente tinha os feito atravessar a tempestade, como tinha os levado a seu destino.

Pela manhã, a multidão, atônita pelo relato do que correu pela região, do banquete divino que foi provido, procura por Jesus porque sabem que só havia um barco, e que Jesus não tinha embarcado nele. Quando não conseguem encontrá-lo, entram em seus barcos e velejam para Cafarnaum. Quando encontram Jesus, querem saber como ele chegou lá. Mais do que isso: querem saber o que devem fazer, agora que viram esse impressionante ato de Deus. Seu assombro tem raiz na descrença, e eles pedem por mais um sinal. É difícil acreditar que, depois de tudo o que viram, ainda queiram mais um sinal (Será que somos diferentes?). Dizem que têm direito a um sinal, porque não foi assim com Moisés, que forneceu maná a seus ancestrais no deserto?

Jesus lhes diz: "Digo-lhes a verdade: não foi Moisés quem lhes deu pão do céu, mas é meu Pai quem lhes dá o verdadeiro pão do céu. Pois o pão de Deus é aquele que desceu do céu e dá vida ao mundo" (João 6:32,33). Na alimentação dos cinco mil, o pão miraculoso — mais abundante do que qualquer um poderia comer — é um símbolo do próprio Jesus, a sustentação divina que vem do nada e preenche cada necessidade... e mais ainda! A resposta de Cristo à multidão naquele dia é sua resposta para nós: "Eu sou o pão da vida. Aquele que vem a mim nunca terá fome; aquele que crê em mim nunca terá sede" (João 6:35).

Jesus lhes diz, e diz a nós:

Sou tudo de que vocês precisam.
Sou tudo de que vocês precisam.
Sou tudo de que vocês precisam.

Jesus não é somente o fornecimento de nosso pão de cada dia. Ele é nosso pão de cada dia.

Jesus não é somente o fornecimento de nosso pão de cada dia. Ele é nosso pão de cada dia.

UMA PROMESSA PARA TODOS OS TEMPOS

Não há necessidade nossa que Deus não possa ou não esteja disposto a atender. Deus não precisa de nosso dinheiro ou de nosso tempo ou recursos, mas ele nos convida à divina aventura de ser seu parceiro para ver o que somente ele pode fazer. Em sua graça, ele ama obrar por meio de nós. Podemos passar o resto de nossas vidas olhando para o que não temos, ou podemos trazer tudo o que temos e somos para ele, e assistir os milagres acontecerem.

"O meu Deus suprirá todas as necessidades de vocês, de acordo com as suas gloriosas riquezas em Cristo Jesus" (Filipenses 4:19). Podemos ver nesse versículo de promessa que trabalhamos de mãos dadas com o céu: vemos uma necessidade e a atendemos, e o céu vê todas as nossas necessidades e atende a estas. É o que Paulo estava dizendo quando escreveu essa promessa à Igreja de Filipos. Estava louvando-os pela forma com que dispuseram de seus recursos para socorrê-lo e expressando sua confiança de que Deus, que conhece suas necessidades, irá mais que atendê-las. Paulo foi rápido em esclarecer, no entanto, que a questão não era tanto o que ele precisava que eles dessem, mas sim que Deus via o sacrifício e a partilha amorosa deles na maneira do Reino de Deus. "Não que eu esteja procurando ofertas, mas o que pode ser creditado na conta de vocês" (Filipenses 4:17).

Esta é uma promessa gloriosa! Nós damos, como o rapaz ao pé da montanha, o pouco de que dispomos, e Deus, em sua graça e glória, nos provém ilimitadamente.

O milagre ao pé da montanha diz: *Não se consuma pelo que não tem. Apenas traga o que você tem para Jesus e observe ele fazer o que somente ele pode fazer.*

E meu Deus irá atender a todas as suas necessidades.

Jesus diz a todos nós, não importa o que estejamos enfrentando nesse momento:

Eu sou o suficiente.
Eu sou o suficiente.
Eu sou mais que suficiente.

3

Paz

Estou com medo e me sinto sozinha

A Promessa

Deixo-lhes a paz; a minha paz lhes dou.

João 14:27

Acordei naquela manhã de sábado pensando que deveria estudar, mas decidindo quase imediatamente não fazê-lo. Eu podia ver que fazia um dia lindo do lado de fora do meu dormitório na faculdade, e, depois de dias e dias de chuva desagradável e de céus cinzentos, estava animada para estar lá fora, no ar fresco e pegando sol. Estava em meu último ano na Faculdade Bíblica de Londres (agora chamada de Escola de Londres de Teologia), e a pressão era para concluí-la bem. Eu havia estudado bastante, então decidi que um dia longe dos livros e das prateleiras da biblioteca era do que eu precisava.

Depois de uma chuveirada rápida, me vesti e caminhei até a estação para tomar um trem até o centro de Londres. Tendo sido criada em uma pequena cidade da costa ocidental da Escócia, estava apaixonada por tudo o que Londres oferecia: tinha bilhetes de estudante para a companhia de balé Sadler's Wells, para a ópera, os museus, as galerias de arte, cada uma representando o que de mais fino havia para ser visto ou escutado.

Desci do trem em Harrow-on-the-Hill e peguei o metrô, ou *tube*, como o chamamos, para South Kensington. Era o dia perfeito para um piquenique, então comprei um sanduíche e um refrigerante e decidi ir para o parque St. James. Estendi meu pulôver da universidade sobre a grama na base de um imenso carvalho, me sentei, e me encostei contra o velho tronco.

Adoro ficar observando as pessoas, e em um parque londrino em maio há muito para se ver, das velhinhas que levam seus cachorrinhos para passear até os músicos tocando sua versão de uma canção de Simon & Garfunkel. Enquanto meus olhos esquadrinhavam o parque bem cuidado, se depararam com um homem em seus sessenta anos de idade. Nosso contato visual foi breve, já que ele imediatamente pousou a vista para o gramado. Por algum motivo, alguma coisa naquele homem havia me emocionado profundamente. Tentei não encará-lo, mas a vontade era de continuar olhando. Ele vestia um velho casaco, ainda que fosse um dia quente, que estava amarrado à cintura por um pedaço de corda. Em seus pés havia duas sacolas de compras de plástico. Dizer que ele era um sem-teto era um palpite seguro. Enquanto via suas mãos gentilmente dobradas sobre o colo, conversei com Deus a respeito dele. Nada sabia de sua história, mas estava profundamente ciente de que Deus conhecia todos os detalhes.

Após algum tempo, ele olhou para mim e sorriu. Eu me encaminhei até onde ele estava sentado e perguntei se poderia me juntar a ele, e ele concordou. Perguntei se ele já tinha almoçado e, quando ele disse que não, ofereci-lhe metade do meu sanduíche. Ele aceitou.

"Amo isto aqui", disse. "É tão cheio de vida!"

Ele apenas sorriu.

"Venho aqui algumas vezes para dar comida aos patos", continuei. "Eles sempre parecem estar esfomeados."

Ele sorriu. "Acho que você vai descobrir que eles são mais bem alimentados que muitas pessoas que encontrar nesse parque."

Sua voz era gentil, mas urgente.

"Então você é estudante?", perguntou.

"Sim, da Faculdade Bíblica", respondi. "Quero ser missionária na Índia."

"Este é um nobre chamado", disse, com um sorriso.

"Será que eu poderia perguntar sobre sua vida, senhor?"

Encarou-me com o mais triste olhar que já havia encontrado e me contou sua história. Já tinha sido médico na Harley Street, uma das mais famosas ruas de Londres, com uma reputação mundial como centro particular de excelência médica. Por meio de uma série de más escolhas e de um vício em álcool e em remédios, este gentil homem vestindo um casaco puído nas beiradas me contou que havia perdido sua esposa e seus filhos, sua licença médica e sua carreira. Passou de alguém que tinha uma polpuda renda e o respeito de todos para alguém que as outras pessoas evitavam.

Então me disse algo que nunca esqueci. Disse que um dia estava caminhando pela Oxford Street quando passou por uma loja que tinha portas espelhadas. Do canto de seu olho, viu de relance uma coisa que o fez querer dar uma segunda olhada.

"Vi um velho com uma camisa suja e um cabelo descuidado", disse, "e, quando meu asco ante ele crescia, notei que ele era eu. É nisto que me transformei."

A PROMESSA DE PAZ

Meu novo amigo no parque havia se tornado alguém irreconhecível até para ele mesmo, isolado e evitado pelos outros. Vivia em um lugar de inquietação, solidão e autodesprezo.

Você conhece esse lugar? Alguma vez você se encontrou atormentado pela vida, em redemoinho com o ódio que sentia por si mesmo, ansiando por encontrar paz, o tipo perfeito de paz que somente Cristo promete e pode nos dar? Como será que se parece essa paz que Jesus prometeu quando disse: "Deixo-lhes a paz; a minha paz lhes dou" (João 14:27)? A palavra grega aqui empregada para expressar "paz" é *eirene*, que significa "um estado sem problemas, imperturbado, de bem-estar". Será isso possível nesse mundo? Esta é uma paz que pode nos proteger quando a tormenta em nossa vida nos deixa aos pedaços, partidos ou sozinhos? Jesus distinguia seu dom daquele do mundo em torno deles. Era a sua paz. Ainda que Jesus estivesse partindo, não estava os deixando sozinhos.

Um homem na Bíblia, conhecido como o endemoninhado geraseno, deve ter se perguntado essas coisas. Assim como meu amigo do parque St. James, ele também vivia inquieto. Ele também havia se tornado o que odiava e certamente o que a sociedade odiava, um homem malcuidado e sujo, vivendo no isolamento e com medo — um lugar que muitos de nós não alcança. Mas é um lugar onde ele promete nos encontrar, nos trazendo paz para nos livrar dos demônios do vexame e da preocupação, do tormento e da inquietação, da solidão e do ódio a si mesmo.

Ainda que o endemoninhado geraseno e o homem no parque St. James tivessem experiências de vida bem diferentes, eles compartilhavam de uma situação em comum, e agonizante. Para começo de conversa, as pessoas evitavam o contato visual com eles. Com meu amigo no parque, as pessoas viam apenas um sem-teto. No endemoninhado geraseno, um homem lutando para sobreviver em meio à casa dos mortos, as pessoas viam o pior tipo de marginal da sociedade.

O que levou os homens a seu local de tormento, isolamento e inquietação, lugares onde sentiam seu mais primário medo de ficarem sozinhos neste mundo?

Sob essa coisa em que me tornei

Também conhecido como "homem das tumbas", o endemoninhado geraseno vivia como em um exílio, como alguém que atacava e era atacado. Dê uma olhada em sua história, em Marcos 5:1-15:

> Eles atravessaram o mar e foram para a região dos gerasenos. Quando Jesus desembarcou, um homem com um espírito imundo veio dos sepulcros ao seu encontro.
>
> Esse homem vivia nos sepulcros, e ninguém conseguia prendê-lo, nem mesmo com correntes; pois muitas vezes lhe haviam sido acorrentados pés e mãos, mas ele arrebentara as correntes e quebrara os ferros de seus pés. Ninguém era suficientemente forte para dominá-lo. Noite e dia ele andava gritando e cortando-se com pedras entre os sepulcros e nas colinas.
>
> Quando ele viu Jesus de longe, correu e prostrou-se diante dele, e gritou em voz alta: "Que queres comigo, Jesus, Filho do Deus Altíssimo? Rogo-te por Deus que não me atormentes!" Pois Jesus lhe tinha dito: "Saia deste homem, espírito imundo!"
>
> Então Jesus lhe perguntou: "Qual é o seu nome?"
>
> "Meu nome é Legião", respondeu ele, "porque somos muitos".

E implorava a Jesus, com insistência, que não os mandasse sair daquela região. Uma grande manada de porcos estava pastando em uma colina próxima. Os demônios imploraram a Jesus: "Manda-nos para os porcos, para que entremos neles".

Ele lhes deu permissão, e os espíritos imundos saíram e entraram nos porcos. A manada de cerca de dois mil porcos atirou-se precipício abaixo, em direção ao mar, e nele se afogou.

Os que cuidavam dos porcos fugiram e contaram esses fatos na cidade e nos campos, e o povo foi ver o que havia acontecido. Quando se aproximaram de Jesus, viram ali o homem que fora possesso da legião de demônios, assentado, vestido e em perfeito juízo; e ficaram com medo.

As Escrituras não explicam o processo físico ou mental de possessão demoníaca, nem como esse homem terminou naquela condição miserável. Quando o encontramos, estava fora de controle e atormentado. As tumbas que haviam se tornado seu lar eram, provavelmente, cavernas escavadas ao lado da colina, que ofereceria abrigo quando o vento, vindo do mar, cortasse como uma faca. Uma tempestade irrompia dentro desse pobre homem. Lemos que sua possessão demoníaca levara a uma força sobre-humana pois que, não importando quantas vezes ele fosse acorrentado ou aferroado, ele livrava-se dos grilhões como se fossem correntes de papel feitas por uma criança.

Tão perturbador quanto o que acontecia internamente com o endemoninhado gasareno era o lugar em que vivia. Os judeus consideravam a região dos gasarenos, a terra na costa oriental da Galileia, um lugar detestável. Era um território nada amistoso, em muitos níveis, a começar porque era um lugar de adoração pagã. O animal que os pagãos preferiam para o sacrifício era o porco, que era um animal impuro para os olhos dos judeus, e, portanto, com tantas varas de porcos, o lugar era uma abominação para qualquer judeu.

É para esta área, do outro lado da Galileia, que Jesus navega, para se encontrar com o homem das tumbas. Você acha que isso é coincidência?

Seus discípulos devem ter se perguntado. Não estavam nem um pouco felizes por estarem se dirigindo à região dos gasarenos. E o percurso até lá também não foi nenhum passeio. Atravessaram mares tempestuosos à noite, uma tempestade tão feroz que seu barco começou a afundar. Os discípulos acharam que iriam morrer com certeza. "Levantou-se um forte vendaval, e as ondas se lançavam sobre o barco, de forma que este foi se enchendo de água" (Marcos 4:37).

Mesmo assim, enquanto as ondas castigavam o barco e enchiam-no d'água, como se tentassem controlá-lo e derrubá-lo, Jesus permaneceu dormindo profundamente no convés. Imagine-se como um dos discípulos, atravessando um mar sacudido por uma tempestade, em direção a uma terra de demônios e de adoração ao oculto, habitada por potencialmente milhares de porcos impuros e tomada de cadáveres sem fim. Era um pesadelo judeu.

Foi nesse estado de espírito e batalhando contra as águas tormentosas que os discípulos, em pânico, acordaram Jesus. Perguntaram a ele: "sequer se importa com o fato de que estamos prestes a naufragar?"

Jesus se ergue e fala de paz ao mar. "Aquiete-se!", diz. "Acalme-se!!" (Marcos 4:39). As ondas se aquietaram e o mar pôs-se de repente completamente calmo.

Os discípulos ficaram com medo, murmurando uns para os outros: "quem é esse a quem até o vento e o mar obedecem?"

Não faziam ideia de que estavam prestes a testemunhar a verdade radical de que, quando Jesus fala às tempestades, dentro ou fora do coração humano, elas obedecem.

Quando Jesus fala às tempestades, dentro ou fora do coração humano, elas obedecem.

Pois que somos muitos

Posso imaginar como essa cena pareceu aos discípulos, sua versão da Mordor de Tolkien ou do Inferno de Dante embrulhada em dobras sinuosas de céus negros e o fedor do mal e da malícia espiritual. Meu coração está verdadeiramente com eles. Mas o que acho mais emocionante nessa história é que, assim que Jesus aparece no horizonte, o homem das tumbas o vê e corre para se pôr a seus pés. As ações desse homem mudam por completo o tom da cena, à medida que o medo dos discípulos se torna encarnado neste homem possuído pelo demônio. Como é que o endemoninhado sabe quem Jesus é? Será que pela primeira vez na vida ele sente que seus demônios internos se acovardam e se recolhem, e, nesse momento, ele se dá conta da possibilidade de paz?

Você por acaso já esteve em uma situação como essa, nas piores circunstâncias possíveis, e totalmente sem esperanças? Até onde você pode ver, Deus se esqueceu de você. Talvez sua vida pareça um deserto ou, pior, você também se sente atormentado. Talvez você tenha feito escolhas desastrosas que o levaram a lugares a que você jamais iria e se alijou daqueles que o amam. A falta de esperança é um lugar devastador para viver, isolado e frio. Não importando se você chegou a esse lugar por conta de suas escolhas ou das de outras pessoas, o horizonte é brumoso e sombrio, e você não sente qualquer esperança. Sem esperança, o espírito humano começa a abandonar a vida.

Certamente esse homem das tumbas está habitando na terra dos mortos — não só os fisicamente mortos, que são seus vizinhos e companheiros de leito, mas no estado morto de suas emoções e de sua espiritualidade também. E os demônios estão acostumados a mandar nesse território.

É por isso que, quando os demônios no homem sentiram a presença de Cristo, desembarcando do navio, eles se recolheram, e o homem possuído se apressa a se pôr aos pés do Senhor: "Quando ele viu Jesus de longe, correu e prostrou-se diante dele." Mas então os demônios tomaram o centro do palco, mais uma vez. "Que queres comigo, Jesus, Filho do Deus Altíssimo? Rogo-te por Deus que não me atormentes!" (Marcos 5:6,7).

Jesus não estava ali para negociar. Os demônios gritaram em resposta ao comando que Cristo lhes deu: "Saia deste homem, espírito imundo!" (Marcos 5:8).

Fica claro na passagem que os demônios não obedecem prontamente a Jesus, então ele lhes pergunta seu nome. A resposta: "'meu nome é Legião', respondeu ele, 'porque somos muitos'" (Marcos 5:9).

Uma legião era a maior unidade do exército romano, consistindo em seis mil homens. A maioria dos comentaristas concorda que isso não quer dizer necessariamente que o homem estivesse possuído por seis mil demônios, mas que o número era obviamente grande. Eles imploram para que

Cristo não os banisse para aquele lugar que sabiam ser seu destino eterno. Pedem a Jesus para permanecer nessa Terra, para onde têm trazido tanta desgraça. Não pedem permissão para entrar no corpo de outro homem, sabendo que Cristo jamais permitiria isso, mas para entrar em uma vara de porcos.

É uma cena e tanto quando esse bando imenso de demônios deixa um pobre e exaurido homem e penetra em uma vara de dois mil porcos, que seguem grunhindo para se jogarem de um penhasco em direção ao mar.

Você pode se afogar em inquietação

Os geógrafos concluem que a localização mais provável para o salto dos suínos no mar seria uma faixa de costa íngreme próxima a Gergesa, uma cidade menor e menos importante da área de Gadara, no lado leste do Mar da Galileia. Isso corroboraria outra sugestão, de que Mateus seria um nativo desta região, e explica porque ele dá a exata localização, enquanto Marcos e Lucas simplesmente se referem à região genérica para seus leitores gregos e romanos. Gergesa era pequena e relativamente desconhecida, enquanto Gadara era uma cidade grega de alguma importância.

Essa costa íngreme é o tipo de território no qual, se você começasse a correr, não teria como parar.

Temos uma colina como essa no lugar em que me criei, na Escócia. Três lados da colina são facilmente caminháveis, para baixo e para cima, mas um é tão inclinado que, uma vez que você se dispõe a subir, qualquer passo em falso te derruba para a base.

Em uma cálida tarde de domingo, minha mãe, meus irmãos e eu desfrutávamos de um piquenique com os amigos. Todas as crianças queriam escalar a face mais íngreme da colina, e nos disseram que, se quiséssemos realmente subir por aquele lado, deveríamos, em quaisquer circunstâncias, descer por qualquer um dos outros três lados menos encarpados. Não sei o que acontece comigo que eu costumo tomar esse tipo de alerta como um desafio pessoal, isso é algo que está marcado no meu DNA.

Quando finalmente alcançamos o topo da colina, a vista era espetacular, e então chegou a hora de voltar lá para baixo, para o piquenique. Minha irmã Frances viu que eu não a acompanhava para um dos lados seguros e me lembrou do alerta que nos fora dado. Eu garanti a ela que não era uma mortal comum — e que sabia que conseguiria descer pelo lado perigoso.

Antes que ela pudesse me impedir fisicamente, parti. Em três segundos eu sabia que estava metida em encrenca. Não conseguia reduzir a velocidade, ao invés disso, estava correndo cada vez mais rápido, como um trem acelerando.

Ouvi alguém gritar: "Cuidado, Sheila!"

Ergui meus olhos dos meus pés fumegantes no momento exato de poder ver que estava correndo em direção a um enorme arbusto espinhoso.

Não havia nada que eu pudesse fazer para evitá-lo.

Precisei de três adultos para me remover do arbusto, e minha mãe afirma que, três dias depois, ainda podia encontrar espinhos em mim.

Certas colinas, assim aprendi, não são feitas para correr, a não ser que você esteja disposta a aceitar as consequências quando chegar à base.

Bem, naquele dia na região de Gadara não foi diferente, quando dois mil porcos encontraram seu destino.

O mar, que horas antes estivera encrespado e tempestuoso, engoliu os porcos que corriam e grunhiam, possuídos pelos demônios. O caos do demônio os levou para o fundo do mar. Centenas e centenas de porcos? Dois mil deles, no total, diz-nos as Escrituras (Marcos 5:13) — caíram pela beirada do penhasco e se afogaram.

Vestido e em perfeito juízo

Se eu fosse um dos discípulos, estaria procurando um analgésico nessa hora. Logo quando você acha que viver com Jesus não pode ser tornar mais imprevisível do que é, você se depara com isso no cardápio do dia. No momento em que você põe os pés para fora do barco, um louco, um homem possuído pelo demônio corre para você, somente para que seus atormentadores internos atirem porcos de um penhasco logo depois. E, ainda assim, por mais louca que pareça a cena no penhasco, na presença de Jesus é paz total. Imagino Cristo olhando para o homem, dilapidado e fatigado até a alma, prostrado no chão de terra. Pela primeira vez em muito, muito tempo, ele está sereno, pacificamente aos pés de Cristo. O homem que havia rasgado suas roupas e cortado sua carne estava agora "vestido e em perfeito juízo" (Marcos 5:15).

Os homens que estavam encarregados dos porcos acabaram de perder sua ocupação, então correram à cidade para relatar o que acontecera. Lemos em Marcos 5:14-17 que, quando a multidão volta à cena e vê esse homem, que era selvagem, em paz, ela tem medo. Que ironia! Essa multidão supersticiosa tem mais medo dessa nova situação do que do monstro que havia gritado à noite. Estão acostumados com o mal, mas não têm ponto de referência para o reino de Deus.

E quanto ao homem que havia sido liberto, ele implora para seguir Jesus. Ele conhece a sensação das trevas, e sabe o que Cristo havia feito. Mas Jesus diz "não". Ele deixa este homem, que talvez seja o primeiro convertido entre os não judeus, para contar a história. Este servo, agradecido, parte para sua primeira jornada como missionário: "Então, aquele homem se foi e começou a anunciar em Decápolis quanto Jesus tinha feito por ele. Todos ficavam admirados" (Marcos 5:20).

Pergunto-me como o homem se sentiu vendo Jesus ir embora e voltar a seu barco. À medida que a figura daquele que salvou sua vida e restaurou sua alma se tornava menor e menor, uma coisa ficou clara como cristal: em nome de Jesus, todos os joelhos devem se dobrar. Uma horda de ódios havia lhe assomado, e então Jesus Cristo apareceu e fez os espíritos maus partirem. Não sabemos quantos anos mais viveu o homem das tumbas após o exorcismo, mas tenho confiança de que ele se tornou um discípulo radical. Se você já experimentou o gosto do inferno, você se aferra ao senhor do céu.

Em vinte e quatro horas, os discípulos testemunharam que Jesus tinha poder sobre as tempestades que varriam tanto o mundo quanto o interior do espírito humano. Assistiram a Jesus falar de paz, transformando um mar tempestuoso em águas plácidas, e testemunharam o homem mais violento que já haviam encontrado se tornar liberto. O fator comum em tudo isso era a presença de Jesus. Quando você reflete sobre sua própria vida, há quanto tempo a tempestade vem te devastando? Talvez, como os discípulos, você tenha gritado: *Não vê o que está acontecendo aqui? Não se importa que estejamos prestes a naufragar?* Talvez, o que é mais isolador e brutal, a tempestade te arrase internamente, na alma.

Naquele dia, os discípulos testemunharam que o abrigo de Cristo não só oferece — mas também é — paz.

De nossas próprias tumbas

O tormento da inquietação que aflige tantos entre nós tem causado impacto profundo em minha vida, porque eu conheci pessoalmente o homem das tumbas.

Ele era meu pai.

Lembro-me da primeira vez que escutei a canção de Bob Bennett, "Man of the Tombs" [*Homem das tumbas*], que conta a história do homem possuído pelo demônio. Estava participando de uma conferência no Condado de Orange, no estado da Califórnia, em janeiro de 1993. No último dia, o locutor tocou essa canção, como arremate final à sua mensagem. Veja o que diz a canção:

Homem das tumbas
Vive em um lugar aonde ninguém vai
E rasga-se
E vive com uma dor que ninguém conhece
Considera-se morto entre os vivos
Não conhece a misericórdia nem o perdão
E no fundo da noite é levado a gritar
Você consegue escutar seu grito?

Homem das tumbas
Possuído por um inimigo invisível
Arrebenta todas as correntes
E não sabe o que é ser livre

Sob essas coisas que ele se tornou
Uma memória que se esvai, de carne e sangue
Amaldiçoo a tumba, abençoo a sepultura
Perdi meu coração, não posso ser salvo
Como aqueles que têm medo de mim, tenho medo
Como aqueles a quem feri, sinto dor
Nu agora, ante meu pecado
E essas pedras que cortam minha pele
Alguns tentam me tocar, mas ninguém consegue
Porque o homem das tumbas eu sou.[1]

Não consigo me lembrar sobre o que tratava a mensagem do locutor, mas, ao escutar essa canção naquele dia, solucei de uma forma que não fez sentido para mim. Foi embaraçoso.

Não me entenda mal: a canção é ótima, e Bob é um compositor maravilhoso. Mas fui levada a um lugar onde me senti tão profundamente magoada, que pareceu fora de proporção em relação à história da canção. Eu concluí que estava somente muito cansada e não pensei mais no assunto, mas a letra da canção continuava a ressoar em minha mente. Comprei a fita-cassete (sim, naquele tempo ainda havia fita-cassete) *The View from Here* [A vista daqui] e botei para tocar, mais e mais vezes. A cada vez que a escutava, sentia uma tristeza profunda por este louco que não conhecia a misericórdia, nem o perdão, e passava por tanta inquietação e tormenta. Ao longo desses anos, estive me encontrando com Bob algumas vezes, já que não quero perder contato com alguém que me causou um impacto tão profundo.

Pelo que me consta, nunca me encontrei com alguém possuído pelo demônio. E, sim, da mesma forma como me aproximei daquele homem no parque, quando era estudante em Londres, também me aproximei desse homem que encontrou Jesus no litoral e finalmente encontrou a paz. Um verso em particular da canção de Bob continua a ressoar na minha mente: "Alguns tentam me tocar, mas ninguém consegue, porque o homem das tumbas sou eu."

Compreendo o isolamento e o desespero que essas palavras representam. Quando criança, tentei muito ter contato com meu pai, mas não consegui que ele voltasse a ficar bem.

Meu pai tinha 34 anos quando um aneurisma cerebral roubou-lhe a capacidade de falar e paralisou seu lado esquerdo. Este pai maravilhoso, que me amava muito, tornou-se um homem das tumbas, ainda que não fosse sua escolha. O impacto do dano a seu cérebro parecia chegar em ondas. Em um momento ele estava "vestido e em seu perfeito juízo" e, no outro, era um confuso e raivoso estranho.

Quando estava em seu juízo perfeito, ele chorava, compreendendo que havia ocasiões em que se tornava um estranho ameaçador para sua família e para si mesmo.

Uma das minhas mais dolorosas recordações é a de seu olhar na última vez que o vi com vida. Não era o olhar de um pai amoroso, mas o esgar de um homem selvagem que queria me ferir. Em vez de deixá-lo bater em mim com sua bengala, eu a puxei dele, e ele caiu ao chão, gritando como um animal.

Ele foi levado naquele dia e morreu pouco depois em um hospital psiquiátrico.

Compreendo agora, como adulta, o que eu não podia compreender como criança. Que meu pai estava doente e que não tinha controle sobre sua raiva. A tristeza que suportei, no entanto, sempre me faz perguntar como seria ficar presa dentro de um corpo que me traísse dia após dia. Fui capaz de receber a paz que a compreensão traz, mas, e meu pai? Que paz ele poderia conhecer? Foi só quando voltei, em 2008, ao lugar onde meu pai deu seus últimos passos na Terra, que Deus respondeu minha pergunta. Meu pai não morreu em um leito médico, mas em um rio atrás do hospital. Ele havia fugido naquela noite, e os médicos não conseguiram determinar se ele havia tropeçado e caído ou se aquela foi sua maneira de escapar das cavernas de sua enfermidade.

Nunca quis andar por aquele litoral, mas me encontrei lá um dia. Enquanto estava naquele lugar de pesadelos, senti Cristo me dizer: *estive lá naquela noite. Seu pai foi dessa Terra para meus braços, e eu o carreguei para o lar.*

Lá no litoral
Dois pares de pegadas se encontraram
Uma voz grita
Outra começa a falar
Em um único momento, e com só uma palavra
O mal parte, como uma manada desabrida
Homem das tumbas, ele ouve este grito

Sob essas coisas que você se tornou
Vejo um homem, de carne e sangue
Dou-lhe a vida, além da sepultura
Curo seu coração, eu vim para salvar

Não é preciso ter medo, não se amedronte
Este homem dos pesares conhece sua dor
Vim para levar seu pecado embora
E levar essas marcas sobre minha pele
Quando ninguém consegue tocá-lo, eu consigo
Porque o filho de Deus eu sou.[2]

Talvez esse tipo de tormento tenha tocado sua vida.

Agora compreendo minha afinidade com aqueles que têm outra história para contar, além daquela que parece ser a verdade sobre suas vidas. Sempre fui atraída pelas histórias de perda. Por muitos anos tive a impressão de que fracassara em salvar meu pai, e que salvar outra pessoa poderia me trazer alguma paz.

Eu sei, como o homem das tumbas, os discípulos, e todas as almas perdidas e atormentadas aprenderam, que somente Cristo pode salvar, somente ele pode trazer paz. Ainda posso ser uma amiga que vê além da aparente verdade, e uma companheira na jornada para casa. Ao longo desse caminho, tenho certeza de ter visto muitas vidas atormentadas neste mundo, e de encontrar minha própria inquietação e tormento, vez por outra. No entanto, Cristo nos promete que a vida aqui não tem de ser assim. Basta procurarmos por ele no horizonte e correr em sua direção, pedir por sua paz. Ele pode trazê-la com apenas uma palavra, apenas com um relance.

Ele nos vê nas tumbas, e anseia por nos levar a um lugar melhor, a um lugar de paz.

Sob essa coisa que eu um dia fui
Agora sou homem, de carne e sangue
Tenho uma vida, além da sepultura

Encontrei meu coração, agora posso ser salvo
Não é preciso ter medo, não me amedronto
Este homem dos pesares levou minha dor
Veio para levar nossos pecados embora
E levar essas marcas sobre sua pele
Estou contando para vocês essa história
Porque o homem das tumbas eu era.[3]

4

Confiança

Não consigo enxergar o plano de Deus nesta dor

A Promessa

Sabemos que Deus age em todas as coisas para o bem daqueles que o amam, dos que foram chamados de acordo com o seu propósito.

Romanos 8:28

Nunca me esquecerei de um casal que entrevistei há muitos anos, no *The 700 Club,* na emissora cristã. Superficialmente parecia uma família cristã típica. Tinham duas crianças pequenas, e o pai estava envolvido na liderança da igreja. Mas tinha também uma vida secreta, paralela, em que dava vazão a seus desejos homossexuais. Sua mulher não fazia ideia dessa parte da vida de seu marido, até que ficou muito doente. Primeiramente, acharam que era um caso grave de gripe, e ela foi levada ao hospital para tentarem regular sua febre e seus fluidos. Enquanto ela estava lá, seu marido descobriu, pelo médico, que era HIV-positivo.

Em profundo desespero, se deu conta de que não somente tinha a doença como também a transmitira à sua mulher. Seu médico deixou claro que ele tinha de contar a ela. Então ele comprou uma arma e se dirigiu ao hospital com a intenção de contar à sua mulher, encarar seu desgosto, e depois encontrar um lugar tranquilo para se matar. Mas Deus tinha outros planos.

Sentado ao lado do leito da mulher, com lágrimas escorrendo pelo rosto, com medo de olhar em seus olhos, ele contou-lhe a história, a parte de sua vida que havia escondido dela por tanto tempo. Esperava por palavras que dilacerassem sua alma, mas, em vez disso, ela tomou-lhe as mãos. Ele olhou para cima e viu que as lágrimas estavam escorrendo pelo rosto dela também. Ela disse: "você se dá conta de que essa é a primeira vez em nosso casamento em que eu sinto que não há distância entre nós — somente a verdade?"

Era tão comovente escutar esse casal compartilhando uma história de tão grave misericórdia e redenção. Ambos eram HIV-positivos, e ainda assim Deus — do jeito que somente ele pode ver — usou o terrível segredo do marido para trazê-los para mais próximo de seu coração e do de cada um. No pior momento de suas vidas, quando nada de bom poderia ser encontrado, foram surpreendidos pela graça de Deus e viram que podiam se abrigar sob sua promessa, de que somente Deus pode trazer a bondade, em meio à maior desolação em vida.

A promessa do propósito

Você já teve um momento em que foi tão sobrepujado pela vergonha que parecia impossível imaginar Deus trazendo algo de bom disso? A maioria de nossos momentos vergonhosos não é de vida e morte, como foi o caso desse casal, mas pode nos aleijar a ponto de nos fazer pensar que não temos esperança.

Dentro da igreja, a vergonha tem uma camada extra, ainda mais potente. Se caímos em algum tipo de pecado que se torna público em nossa comunidade, somos julgados e, muitas vezes, excluídos. Vi isso acontecer com uma amiga querida. Quando mais precisava da graça, sua comunidade se juntou contra ela e a isolou, acrescentando uma camada extra de crueldade à vergonha amarga que ela sentia.

Então, quando se trata de desespero e falta de esperança, e do modo como eles podem nos sufocar, o que fazer das promessas de Deus em Romanos 8:28? "Sabemos que Deus age em todas as coisas para o bem daqueles que o amam, dos que foram chamados de acordo com o seu propósito."

Pode Deus usar até mesmo as piores circunstâncias da vida para o bem, para nos trazer para mais próximo dele? Será que realmente acreditamos que ele usará dos eventos mais improváveis e dos momentos dolorosos da vida para nos trazer para mais próximo de seu coração? Será que alguma coisa fica fora dessa poderosa promessa de conforto e afirmação? Será que somos avaliados por ele, que nossas vidas significam alguma coisa e são preciosas, e que Deus irá redimir tudo para nosso bem, um bem maior? Esta é a afirmação confiante desta promessa (Romanos 8:28): Deus usará *todas* as coisas para o bem.

Esta é a afirmação confiante desta promessa (Romanos 8:28): Deus usará* todas *as coisas para o bem.

A Epístola aos Romanos está focalizada inteiramente na condenação e na justiça. A batalha que a igreja primitiva estava encarando não é diferente da que encaramos hoje. O problema é que ficamos procurando em nós mesmos por sua justiça, e nenhum de nós é completamente justo. É disto que trata o legalismo. Paulo diz a esses cristãos pioneiros e a nós que sim, que estamos todos condenados pela lei, e que há muita gente por aí que pode nos lembrar o quanto somos indignos. Então Paulo diz, bem no começo do capítulo oito, que aqueles que não estão em Cristo não têm condenação. O espírito da lei é pecado e morte, mas temos o Espírito da Vida. Ele está dizendo aos romanos, e a nós, para deixarem o pecado e a morte para trás e se engajarem na vida. Nosso espírito não é um espírito de escravidão, mas o espírito de adoção na família de Deus.

Em Romanos 8:27, Paulo nos conta que o Espírito conhece nossos corações e mentes, e que ele ora por nós. Sobre essa fundação, Paulo corajosamente nos garante que tudo vai dar certo. Fiquem tranquilos, porque Deus está operando em nossas vidas. A primeira parte dessa frase pode ser traduzida de duas formas. Deus é aquele que está operando todas as coisas para o bem. Ou todas as coisas estão operando para o bem daquele que está com Deus. Na verdade, as duas leituras são verdadeiras, e levam à mesma conclusão. Para aqueles que estão com Deus, todas as coisas operam para o bem, porque Deus está ativamente operando todas as coisas para aqueles que são seus.

Paulo põe esse conceito em perspectiva ao esclarecer quem somos nós. Somos aqueles que foram selecionados por Deus especificamente para seus propósitos. Portanto, fomos selecionados para levar adiante os propósitos de que Deus faz todas as coisas, boas e más, operarem em conjunto para levar a cabo seus objetivos, que são de fato bons. O resultado deve ser a confiança no trabalho de Deus. Se esperarmos com paciência, veremos o desdobramento de todas essas variadas experiências no estabelecimento de seus propósitos. Nossa confiança flui de sua firmeza.

Esta estrada, porém, pode ser um caminho estranho. Talvez ninguém a conheça melhor que uma mulher que passou a maior parte de sua vida procurando por amor e, no lugar disso, entregou aos outros pedaços de sua alma até o dia em que encontrou um homem que não queria um pedaço ou uma fatia.

Ele a queria por inteiro.

Esperança para a mais improvável

Jesus teve muitos encontros fascinantes com mulheres nos relatos dos Evangelhos, mas seu encontro com uma mulher de Samaria ao fim de um quente e exaustivo dia é um dos mais poderosos.

A probabilidade de eles se encontrarem pareceria nada menos que espantosa para essa mulher, até revolucionária. Mas, com Jesus, sabemos que não foi um encontro ao acaso. Ele a procurou, apesar de ela ter duas coisas que lhe pesavam contra. Primeiramente, ela era samaritana — e os judeus nutriam um ódio amargo contra os samaritanos. Segundo, ela era uma mulher — e as mulheres não gozavam de grande estima na cultura daquela época.

Para compreender por que os judeus de sangue puro odiavam os samaritanos, você tem de voltar a 729 a.C., quando os colonizadores assírios capturaram as dez tribos do reino do norte judaico. O livro de Ezra, em especial o capítulo nove, conta como os assírios e outras nações e crenças começaram a se infiltrar na terra que antes era só judia. Um dos mandamentos mais rigorosos ao longo do Antigo Testamento impõe que na nação judia não aconteça um casamento com outras nações, mas Ezra deixa claro que isso era justamente o que o povo acabara de fazer. Os frutos desses casamentos entre nações, conhecidos como samaritanos, eram vistos pelos judeus como vira-latas.

À medida que os samaritanos começaram a povoar as cidades de Israel, trouxeram sua religião, seu costumes e a miscigenação. Um versículo bem explícito ajuda a demonstrar o desconforto que essa nova e crescente raça representava aos judeus: "Mesmo enquanto esses povos adoravam o Senhor, também prestavam culto aos seus ídolos. Até hoje seus filhos e netos continuam a fazer o que seus antepassados faziam" (2 Reis 17:41). Não é que os samaritanos tenham abandonado a lei mosaica por inteiro, mas eles a observavam de maneira relativa, dissolvida em outros rituais pagãos. Uma evidência do desprezo dos judeus pelos samaritanos é o fato de que, quando os judeus estavam reconstruindo Jerusalém depois da escravidão na Babilônia, os samaritanos ofereceram ajuda. Só que essa oferta foi recusada. Os judeus rejeitaram os samaritanos porque a genealogia deles era questionável. Então os samaritanos, profundamente ofendidos, decidiram construir para si um templo, no monte Gerizim, onde podiam adorar a Deus.

Esta é a chave para o encontro com a samaritana, porque, quando ela o encontra no poço de Sicar, pergunta a ele qual é o local certo para a adoração. "Qual dos dois templos é o aceito por Deus?"

À época do nascimento de Cristo, a visão religiosa dos samaritanos estava intimamente afiliada à dos judeus, ainda que mais próxima à dos saduceus que à dos fariseus, mais rigorosos. Além disso, os samaritanos rejeitavam qualquer doutrina que não estivesse no Pentateuco, os primeiros cinco livros de Moisés. Assim, por exemplo, eles rejeitavam a promessa de ressureição e a crença nos anjos. Tão intenso era o ódio pelos samaritanos entre os fariseus que alguns chegavam a orar para que nenhum samaritano fosse elevado quando da ressurreição. (Não é bem um insulto, já que os samaritanos não acreditavam mesmo na ressurreição, mas ao menos uma indicação sobre o que havia nos corações de quem acreditava.) Em um encontro com Jesus, um grupo de religiosos judeus que queria insultá-lo e desacreditá-lo, chamaram-no de samaritano. "Não estamos certos em dizer que você é samaritano e está endemoninhado?" (João 8:48).

Assim, para o judeu puro-sangue, os samaritanos deveriam ser desprezados e evitados a todo custo. Essa compreensão apenas enfatiza a importância da compulsão de Cristo de passar por Samaria. "Os fariseus ouviram falar que Jesus estava fazendo e batizando mais discípulos do que João, embora não fosse Jesus quem batizasse, mas os seus discípulos. Quando o Senhor ficou sabendo disso, saiu da Judeia e voltou uma vez mais à Galileia. Era-lhe necessário passar por Samaria" (João 4:1-4).

Atravessar Samaria era a rota mais curta para ir da Judeia para Galileia, mas era uma estrada que nenhum judeu tomaria se fosse sua escolha. No lugar disso, a maioria dos judeus desviaria do caminho para evitá-la. Viajariam ao leste e cruzariam o rio Jordão para, dessa forma, evitarem Samaria por completo. O que traduzimos por "necessário" no versículo 4 é, no original grego, *dei*, e, sempre que é empregada no Evangelho de João, tem o sentido de "necessidade divina" ou "mandamento". Em outras palavras, era por necessidade divina e por um mandamento que Jesus *tinha de* tomar aquele caminho — havia uma mulher que precisava saber se sua vida tinha alguma importância. Antes que a promessa "Deus faz todas as coisas operarem juntas para o bem daqueles que receberam o chamado" fosse colocada em palavras, Cristo, a promessa, estava prestes a trazê-la a uma alma muito perdida.

Era por necessidade divina e por um mandamento que Jesus **tinha de** *tomar aquele caminho [a estrada para Samaria] — havia uma mulher que precisava saber se sua vida tinha alguma importância.*

Muitos homens judeus começavam seus dias agradecendo a Deus por não serem não judeus, escravos ou mulheres — sim, e nessa ordem. Um homem hebreu não podia falar com uma mulher na rua nem que essa fosse sua esposa ou filha. As mulheres simplesmente não eram vistas como contribuintes à sociedade. Havia até um grupo entre os fariseus conhecido como "Fariseus Sangrentos", porque eram os mais rigorosos dos rigorosos e não podiam sequer fazer contato visual com uma mulher. Assim, se percebiam que uma mulher vinha em sua direção, olhavam para baixo, o que muitas vezes resultava em dar de cara com um muro, daí seu nome. O fato de Jesus ter abordado alguém de Samaria, e que ainda por cima era uma mulher, era chocante.

Assim, chegou a uma cidade de Samaria, chamada Sicar, perto das terras que Jacó dera a seu filho José. Havia ali o poço de Jacó. Jesus, cansado da viagem, sentou-se à beira do poço. Isto se deu por volta do meio-dia. Nisso veio uma mulher samaritana tirar água. Disse-lhe Jesus: "Dê-me um pouco de água." (Os seus discípulos tinham ido à cidade comprar comida.)

JOÃO 4:5-8

Ao ler isso e pensar o quanto esse encontro foi chocante, em que Cristo viu além das barreiras de uma vida em pedaços, não posso deixar de lembrar de quando Barry e eu moramos em Nashville, no final dos anos 1990. Era freguesa habitual, por assim dizer, da *Humaine Society* [equivalente norte-americana da SUIPA brasileira]. Eu passava lá duas vezes por semana para doar suprimentos, dar uma olhada nos animais e verificar quais deles haviam sido adotados. De vez em quando, se houvesse um animal em condições particularmente difíceis, desnutrido ou com a pelagem em más condições, eu o levava para casa e cuidava dele até que se tornasse mais "adotável".

Havia um gato, Max, que atraiu minha atenção de forma especial. Em uma noite fria, Max havia se esgueirado pelo capô de um carro para se aquecer junto ao motor ainda quente. Quando o dono do carro deu partida no motor na manhã seguinte, ouviu um berro agudo, quando as costas de Max eram feridas por um corte horrível de uns quinze centímetros. O dono do carro foi gentil o suficiente em trazer o gato ao abrigo. O veterinário fez o que pôde, mas Max não ficou com uma boa aparência. Não tinha pelos nas costas, e o resto do pelo do corpo havia sido cortado bem curto, para remover o óleo que havia se impregnado, e agora crescia de volta em ângulos bizarros, à esquerda e à direita.

"Que raça de gato é o Max?", perguntei um dia.

"Não acho que Max seja de nenhuma raça dominante", me respondeu a moça que limpava as jaulas. "Não sei como vamos fazer para ele ser adotado um dia. Ele é um pouquinho de cada raça!"

Levei Max para casa naquele mesmo dia.

Ele era um dos mais doces animais que já tive o prazer de amar. Parecia-me que sua devoção vinha de ele perceber que alguém conseguira ver além das feridas, o gato maravilhoso ele era.

Talvez essa seja a coisa mais impressionante sobre o encontro de Cristo com a samaritana junto ao poço: ele viu além de sua cultura, seu sexo, e mesmo suas escolhas. Viu uma mulher pela qual valeria a pena morrer, e que, se ela unisse seu coração ao dele, por inteiro, nunca esqueceria disso. Ela veria que o solitário caminho que havia percorrido por tempo demasiado era o que a levava àquele poço, naquele dia. Todas as más escolhas e os sonhos perdidos haviam operado juntos para levá-la a Cristo, o Abrigo.

Deus acontece

Também é digno de nota que, quando se veem, Jesus está simplesmente esgotado. A palavra grega traduzida aqui como "cansado" é *kopio*, em grego bíblico, ou *kopos*, em grego vulgar, e quer dizer o modo como você se sente depois de ter sido espancado. Em outras palavras, Jesus está extenuado, exausto, combalido. Ainda assim, seu amor o compele a continuar caminhando quando quer se sentar, a deixar a multidão tocá-lo, quando ele quer ficar a sós e — nesse caso — alcançar a mulher que fez tantas escolhas infelizes na vida, para fazer com que ela saiba que é amada.

Assim, quando Jesus se senta, os discípulos haviam partido para a cidade para comprar alguma comida. Isso pareceria razoável para nós, mas é uma indicação poderosa de que o coração e a paixão de Cristo já haviam começado a causar impacto entre os discípulos. Era muito estranho que judeus fossem a uma vila samaritana para comprar comida — mas Jesus os havia enviado, e assim foram. Ele queria encontrar-se com essa mulher a sós. E não é só isso que é notável, mas acrescente-se isso: ele falou primeiro.

Não era comum para uma mulher estar a sós no poço, mas talvez sua reputação fosse conhecida em sua vila, então ela viera na hora em que sabia que não haveria outras mulheres. A vergonha é um fardo cruel e isolador para se suportar. Lembro-me de conversar com uma mulher, em uma de minhas conferências, que dizia que estava grata por mantermos o auditório na escuridão. Quando eu a perguntei o porquê, ela disse que havia mulheres na conferência que a conheciam e que pensariam que aquele não era o lugar dela.

"Eu tive um caso", disse. "Fiz algumas escolhas erradas, e agora não sou mais bem-vinda a lugares em que me conheçam."

Esse não é um pensamento terrível, não ser bem-vindo aos lugares onde somos conhecidos?

Pergunto-me se esta seria a história da samaritana, não ser bem-vinda nos lugares onde é conhecida.

Jesus disse-lhe:"Dê-me um pouco de água" (João 4:7).

A mulher surpreendeu-se ao ser interpelada por alguém que, não somente é homem, como ainda é obviamente judeu.

Então Jesus, que nunca foi conhecido por bater papo, vai direto ao ponto e à sua necessidade: "Se você conhecesse o dom de Deus e quem lhe está pedindo água, você lhe teria pedido e ele lhe teria dado água viva" (João 4:10).

A palavra hebraica que Cristo usa aqui para "dar" é *dorea,* que significa "dar de graça". Não apenas Jesus lhe oferece uma dádiva de graça, mas também lhe diz que essa dádiva de graça é água viva.

Pergunto-me como isso a teria impactado. Aqui está uma mulher que estava vivendo provavelmente uma secura em sua alma e espírito, tentando viver um dia depois do outro, quando um estranho improvável, com um olhar cativante, oferece-lhe água viva. Mas, como Nicodemos, que levou Cristo ao pé da letra e quis saber como um homem adulto poderia reentrar no ventre de sua mãe e ser nascido de novo (João 3:4), essa mulher queria saber como Jesus poderia fornecer esse líquido refrescante se ele nem mesmo tinha um balde.

Jesus chegou rápido nas profundezas de sua necessidade e de sua história. Contou-lhe que cada um teve de travar uma batalha em sua vida antes de conhecer a Jesus, e que nada nesse mundo nos satisfará por muito tempo. Mesmo as coisas que acreditamos que nos farão felizes, o farão só por um momento.

A samaritana sabia que isso era verdade, e Jesus estava prestes a confrontá-la com uma oportunidade de redimir-se.

Pediu que voltasse à casa e que trouxesse seu marido ao poço. Pedido interessante.

Momento da verdade

Jesus pediu que a samaritana fizesse algo que ela não poderia verdadeiramente fazer — ela não era casada com o homem com quem estava vivendo. Ela poderia contar-lhe isso? Se lhe contasse a verdade, ele poderia se afastar, com desprezo em seus olhos como tanta gente havia feito. Ele poderia envergonhá-la. Então, talvez ela pudesse apenas mentir e fingir que o homem com quem vivia era seu marido.

Este era seu momento da verdade. Quando olhava nos olhos de Jesus, acredito que a mulher tinha decidido, seja quais fossem as consequências, que não poderia mentir para ele, então contou-lhe meia verdade: "Não tenho marido" (João 4:17).

Sabendo que ela se arriscara um pouco, Jesus contou-lhe que sabia de toda história. Uma das graças mais redentoras de Cristo é que ele nos conta toda a verdade a respeito de nós mesmos sem nos envergonhar. Cristo revelou que não somente ele sabe qual é a verdade, bem como com quem ele estava agora e quantas vezes ela havia se casado previamente.

Você consegue ver a confiança irrefutável que essa promessa oferece? Cristo sabe de toda verdade em nossa história, as partes que guardamos e as partes que preferiríamos apagar, e ele nos convida a trazer todas as partes para os holofotes de sua graça.

Cristo sabe de toda verdade em nossa história, as partes que guardamos e as partes que preferiríamos apagar, e ele nos convida a trazer todas as partes para os holofotes de sua graça.

A mulher deve ter se sentido totalmente exposta, nua, diante desse homem que parecia conhecê-la melhor que ela mesma. Nesse momento ela percebeu que Jesus era um profeta — pois de que outra forma ele teria podido ler as entrelinhas de sua vida?

Ela havia por fim sido exposta, mas ao amor redentor e à graça de Jesus. Será que se ela não tivesse vivido uma vida tão vergonhosa, ela não teria sido deixada sozinha recolhendo água no poço, em uma hora que sabia que nenhuma outra mulher estaria presente?

Não estou, nem por um segundo, sugerindo que devemos pecar despudoradamente para ver como Deus usará até mesmo isso para nos fazer o bem. O que estou dizendo é que até mesmo os atos que Satanás usaria para nos destruir, mesmo esses podem ser usados por Deus para nos ajudar a encontrar o caminho de casa do seu coração.

Bem para ela e bem por meio dela

O que é impressionante desse relato é a maneira como é demonstrado para nós que Deus não somente opera todas as coisas para nosso bem, como também redime nossas vidas e ainda opera por meio de nós.

Deus não somente opera todas as coisas para nosso bem, como também redime nossas vidas e ainda opera por meio de nós.

Por exemplo, a samaritana tinha a reputação de alguém que ia de homem em homem. Após se encontrar com Jesus, ela não somente mudou sua vida pessoal, como também passou a mudar a vida dos outros. Tornou-se uma evangelizadora na vila de Sicar. Só que ela deve ter se preocupado que seu passado, e toda a vergonha que carregava, afetariam sua credibilidade. Sabia qual era sua reputação, e como isso afetaria o modo como as outras pessoas a encaravam. Então o que ela fez foi muito interessante.

Ela disse àqueles que a escutavam: "Venham ver um homem que me disse tudo o que tenho feito" (João 4:28). Então, no lugar de afirmar "acredito que este é o Cristo", ela faz uma pergunta, usando a palavra grega *meti*, que antecipa uma resposta negativa. Era como se ela dissesse: "Este não poderia ser o Cristo, poderia?" Ao plantar uma semente de resposta dessa maneira ela permitia que as pessoas descobrissem por si mesmas — e é impressionante o que se passou:

> Muitos samaritanos daquela cidade creram nele por causa do seguinte testemunho dado pela mulher: "Ele me disse tudo o que tenho feito." Assim, quando se aproximaram dele, os samaritanos insistiram em que ficasse com eles, e ele ficou dois dias. E por causa da sua palavra, muitos outros creram.
>
> E disseram à mulher: "Agora cremos não somente pelo que você disse, pois nós mesmos o ouvimos e sabemos que este é realmente o Salvador do mundo."
>
> João 4:39-42

No começo, as pessoas da vila acreditavam nela porque ela era uma mulher modificada. Havia júbilo e vida onde antes havia somente vergonha e morte. Perguntaram a Jesus se ele poderia ficar por uns dois dias, e muitos mais passaram a acreditar, ao se sentar a seus pés e ouvir as palavras de seu coração.

Se formos honestos com nós mesmos, admitiremos que somos todos, em certo grau, essa samaritana. Até nos encontrarmos cara a cara com Cristo, estamos enterrados em pecado, e ele nos livra dessa história opressora na qual estamos perdidos. Com a água da vida ele nos lava e nos refresca. E, recém-limpos, ele nos envia com o privilégio de compartilhar com os outros o que recebemos. Foi isso o que aconteceu com a samaritana, por conta do compromisso de Cristo de enxertar sua vida na bondade de quem ele é e toda sua intenção para ela.

Ter a confiança garantida de que Deus está no controle

Esta cristã nova em folha recebeu a dádiva de ver que nas mãos de Deus até os piores momentos de sua vida podem trazer o bem a ela e àqueles a sua volta. Jesus não estava atrás daqueles com a melhor reputação em suas vilas para compartilhar com eles. Ele foi atrás de alguém que não somente era uma mulher, era ainda uma samaritana de má reputação — o mais baixo degrau social naquela cultura — para mostrar que, nas mãos de Deus, até as coisas que foram corrompidas podem ser usadas por ele para nos fazer voltar a sermos inteiros. Não há acidentes no Reino de Deus.

Nas mãos de Deus até as coisas que foram corrompidas podem ser usadas por ele para nos fazer voltar a sermos inteiros.

Como escreveu A.W. Tozer, em seu clássico espiritual *We Travel an Appointed Way* [Viajamos em uma direção marcada], "Para o filho de Deus, não há acidente. Ele viaja em uma direção marcada".[1]

Eu poderia refletir sobre essa verdade por um momento. Pense em toda sua vida por este prisma: *não há acidentes.* Como é que isso ressoa em você? Isso pode ser difícil de engolir quando houve vários momentos que pareceram cruéis ou fora de controle. Como podem o câncer de seio ou crianças doentes ou qualquer outra tragédia existir para o bem? Este é um mistério com o qual vale a pena esforçar-se, porque, uma vez que absorvamos a verdade radical contida nessa promessa, ela mudará a forma como encaramos cada momento de nossas vidas.

Em seu maravilhoso livro devocional *Jesus Calling* [O chamado de Jesus], Sarah Young usa uma frase que eu amo: *reversão divina*. "José era um exemplo perfeito desta reversão divina, quando declarou a seus irmãos: vocês querem o mal, mas Deus os fez para o bem".[2]

Se podemos, pela graça de Deus, receber a verdade de que cada coisa em nossas vidas irá operar para o bem, isso transformará não somente a forma como incorporamos as circunstâncias adversas, como também o propósito de nossas vidas, que passa a se tornar mais como Cristo. Em Romanos 8:29, o apóstolo Paulo disse: "Pois aqueles que de antemão conheceu, também os predestinou para serem conformes à imagem de seu Filho, a fim de que ele seja o primogênito entre muitos irmãos."

Este é nosso chamado: sermos conformes, sermos feitos como Cristo. Nesta semelhança com Cristo reside nossa confiança.

Não vou fingir compreender todas as coisas pelas quais você passou, mas eu sei que você é amado e recebe os cuidados de um Mestre Refinador que nunca tira seus olhos de você.

Ao longo das eras, todos aqueles que encontraram Cristo compreendem isso. Lembrei-me disso quando lia o livro de Robert J. Morgan, *The promisse* [A promessa], sobre a vida de Amy Carmichael's como missionária na Índia. Um dia,

Amy levou algumas crianças para ver um ourives refinando ouro. Estava sentado à beira do fogo de carvão, e havia feito um pequeno cadinho a partir de duas telhas. No cadinho, ele depositou uma pequena pepita de ouro, cercada por sal, um tamarindo e pó de tijolo queimado. Vez por outra ele tirava o cadinho do fogo, deixava o ouro esfriar um pouco, esfregava-o entre os dedos, e o recolocava de volta às chamas, soprando o fogo para que ficasse ainda mais quente:

"Eu não conseguia aguentar tão quente, no começo, mas consigo agora", explicou às crianças.

Por fim, Amy perguntou: "Como é que você vai saber quando o ouro estará purificado?"

O refinador respondeu: "Quando eu puder ver meu rosto nele, estará puro".[3]

Todas as coisas operam em conjunto para o bem?

Quando pudermos ver o caráter de Deus refletido em nós, saberemos que ele nos refinou e eliminou as impurezas.

Quando pudermos ver o caráter de Deus refletido em nós, saberemos que ele nos refinou e eliminou as impurezas.

Você pode se deslumbrar, como eu, pela maneira como Deus operou todas as coisas para o bem no caso da samaritana: Entretanto, você pode estar se perguntando, também, *Todas as coisas, tudo mesmo, operam em conjunto para o bem?*

Esta é uma pergunta legítima, então vamos dar uma olhada em uma coisa que aconteceu em tempos mais modernos.

No livro *They Knew Their God* [Eles conheciam seu Deus] há uma história a respeito de Samuel Logan Brengle, um líder no princípio do movimento do Exército da Salvação, cujos escritos sobre a santidade são um clássico espiritual. O interessante na história de Samuel é que ele jamais teve a intenção de se tornar um escritor. Suas primeiras aspirações eram para a política, mas ele sentiu que Deus o chamava para um ministério pastoral e, assim, se inscreveu no Seminário Teológico de Boston. Um orador cativante, Samuel não almejou ser apenas um bom pregador, mas o melhor de todos. Ele se viu seguindo os passos de D. L. Moody, um orador do Reino de Deus. Mas Deus tinha outros planos.

Ao ouvir o que o fundador original do Exército da Salvação, o general William Booth dizia, Samuel ficou profundamente comovido por sua paixão pelas pessoas nas ruas. E assim, dois dias após ter desposado sua mulher, Elizabeth, seguiu com ela para Londres, para se juntar ao Exército da Salvação. O general Booth não estava convencido de que Samuel seria um bom material para o "Exército", já que ele parecia um pouco determinado e bastante individualista. Ele trabalhou em regime de experiência por seis meses, em uma modesta função. Ele engraxava os sapatos de outros homens, comparecia aos cultos a cada noite e distribuía o jornal do Exército da Salvação, o *War Cry* [Grito de guerra]. Após seis meses, o general Booth se convenceu da vocação de Samuel, e os Brengles voltaram aos Estados Unidos como oficiais do Exército da Salvação.

Uma noite, quando Samuel voltava para casa após uma reunião que havia conduzido em Boston, um bêbado, que havia sido retirado da reunião por tê-la atrapalhado, atirou um paralelepípedo na cabeça de Samuel. Por algum tempo Samuel esteve entre a vida e a morte por conta da pancada. Levou dezoito meses para se recuperar. Durante esse tempo começou a escrever. Inicialmente, escreveu artigos, mas estes eram tão poderosos que foram coletados e publicados no livro *Helps to Holiness* [Auxílio para a santidade]. Um pouco mais tarde, Elizabeth o presenteou com o próprio paralelepípedo com o qual tinha sido ferido.

Sobre ele, escreveu: "Vocês me quiseram o mal, mas Deus quis-me para o bem, para salvar muitos entre os vivos."[4]

Isso não parece bom

Há muitas coisas na vida que não parecem operar para o bem. Você se sente como a mulher no poço? O bêbado? Não importa quem somos, eu ousaria dizer que todos fizemos alguma coisa ou nos tornamos alguma coisa que acreditamos, no fundo, ser detestável aos olhos de Deus — porque é detestável aos nossos olhos.

E se for alguma coisa fora do nosso controle? Enquanto trabalhava neste capítulo, recebi um e-mail de uma mulher que queria saber que bem possível poderia advir de ter um filho com grave autismo.

"Ninguém pode compreender", escreveu, "como isso é devastador para mim, e como me sinto sozinha".

Para esses momentos na vida desta mãe, e para todas aquelas situações das quais você está consciente ou nas quais está imerso, eu encaminharia nossos corações e nossa atenção para as primeiras partes de Romanos 8:22-27:

Sabemos que toda a natureza criada geme até agora, como em dores de parto. E não só isso, mas nós mesmos, que temos os primeiros frutos do Espírito, gememos interiormente, esperando ansiosamente nossa adoção como filhos, a redenção do nosso corpo. Pois nessa esperança fomos salvos. Mas esperança que se vê não é esperança. Quem espera por aquilo que está vendo? Mas se esperamos o que ainda não vemos, aguardamo-lo pacientemente.

Da mesma forma o Espírito nos ajuda em nossa fraqueza, pois não sabemos como orar, mas o próprio Espírito intercede por nós com gemidos inexprimíveis. E aquele que sonda os corações conhece a intenção do Espírito, porque o Espírito intercede pelos santos de acordo com a vontade de Deus.

Vivemos em um mundo caído, um planeta partido. Não espero mais que as coisas sejam do jeito que deveriam ser, mas obtenho grande conforto, coragem e força da promessa de que, em meio aos estilhaços, o Espírito Santo intercede por nós. Para minha compreensão humana, eu pensaria que a profundidade dos gemidos corresponde à profundidade da dor. Há ocasiões na vida em que as palavras não nos vêm. Você pode se encontrar em um lugar que é mais tenebroso do que você jamais imaginou, e você quer gritar: "Como é que isso pode operar para o bem?"

Quero que saiba que você tem um Parceiro de Oração no céu, intercedendo por você ante o trono da graça e da misericórdia. Quando você sequer sabe o que orar, o Espírito Santo sabe. Ele é Deus, o que significa que ele é o Todo-Poderoso e onisciente. Você não está sozinho. Quando Deus olha para você, ele não vê uma coisa sem valor, mas uma pedra preciosa que vale trazer para o propósito, conforto e acolhimento que só ele pode dar.

Você tem um Parceiro de Oração no céu, intercedendo por você ante o trono da graça e da misericórdia.

Eu imagino que, se nos sentássemos com a samaritana e perguntássemos se, caso ela pudesse reviver toda sua vida, ela faria as mesmas escolhas, ela poderia dizer algo como: "fiz muitas coisas a partir dos lugares partidos em minha vida. Mas cada lágrima, cada escolha infeliz me trouxe para mais perto do dia em que me encontrei cara a cara com Cristo. Somente por essa razão, eu não mudaria minha vida em nada."

Quando você refletir sobre sua vida, oro para que possa dizer, com absoluta confiança, que, apesar de ter havido muitos desvios em sua estrada, Deus usou cada curva para trazê-lo mais próximo do abrigo que é ele.

5

Amor

Não acredito que alguém possa me amar de verdade

A Promessa

Pois estou convencido de que nem morte nem vida, nem anjos nem demônios, nem o presente nem o futuro, nem quaisquer poderes, nem altura nem profundidade, nem qualquer outra coisa na criação será capaz de nos separar do amor de Deus que está em Cristo Jesus, nosso Senhor.

Romanos 8:38,39

Quando cheguei aos Estados Unidos nos anos 1980, uma das minhas personalidades do rádio favoritas era Paul Harvey. Havia alguma coisa em sua voz que eu achava muito cativante, como um avô com quem sentamos à beira da fogueira, os olhos brilhando, e que nos fascina com as histórias que conta. Seja por conta da declaração reconfortante: "Em momentos como esse, ajuda lembrar que sempre houve momentos como esse", ou seu bordão de encerramento: "Sou Paul Harvey. Bom-dia!" Eu sorria e me sentia um pouco melhor sobre o dia à minha frente. Quando ele morreu, em 2009, tinha noventa anos de idade. Se você for consultar seu website, www.paulharvey.com, tudo o que resta lá é a seguinte declaração:

"Uma grande árvore caiu ao chão, e deixou um lugar vazio contra o céu..."

De todas as histórias que Paul contou durante as sete décadas de seu programa, não acredito que nenhuma tenha sido tão impactante quanto a que contou no Natal de 1965. Quando estava sentada na igreja, em uma manhã de domingo, o pastor colocou uma gravação de Paul para tocar, contando sua história, "O homem e os pássaros". Isto é o que me lembro:

> Era véspera de Natal e um homem disse à sua mulher e filhos que ele não tinha a intenção de ir para o culto da meia-noite com eles. Explicou a eles que essa história de Deus se tornar um bebê era demais para ele acreditar, e que ele preferia ficar em casa. Logo depois que a família se foi, começou a nevar. Pela janela, ele viu a nevasca cair cada vez mais furiosa, e assim se postou em sua poltrona à beira da lareira, para se aquecer.
>
> Alguns minutos mais tarde ouviu uma batida em sua janela. Depois outra, e mais outra. Pensando se tratar de crianças da vizinhança atirando bolas de neve na janela, olhou para fora, mas o que ele viu o surpreendeu. Viu um bando de pássaros se agrupando na neve. Deu-se conta de que eles deviam estar tentando escapar da nevasca e, vendo as luzes em sua casa, tinham voado em direção à janela por engano. Ele sabia que se os deixasse na neve eles iriam morrer, então decidiu abrir a porta do pequeno estábulo onde seus filhos mantinham seu pônei. Embrulhou-se em roupas quentes e botas e se enfiou pela neve, abriu a porta do estábulo e acendeu a luz para atrair a atenção dos pássaros, mas eles não vinham. Voltou para casa e trouxe

um pouco de pão e deixou uma trilha desde o ponto mais próximo possível aos pássaros até a porta do estábulo, mas ainda assim eles não vinham. Tentou capturá-los, mas eles estavam tão assustados que se espalharam em todas as direções.

Ficou claro para ele que os pássaros estavam aterrorizados por essa imensa criatura que se aproximava pela neve. Eles não o reconheciam, não confiavam nele, e não compreendiam que ele queria ajudá-los. A cada vez que ele tentava tocar neles, moviam-se para cada vez mais longe do auxílio.

Se eu pudesse ser um desses pássaros, só por um momento, pensou. *Então poderia falar na linguagem deles, para que eles não tenham medo. E assim poderia mostrá-los o caminho da segurança, o estábulo. Mas eu teria de ser um deles para que eles pudessem me ver e me compreender.*

Bem nessa hora os carrilhões da igreja começaram a soar — "Adeste Fidelis".

Oh, vinde todos, vós fiéis
Jubilosos e triunfantes!
Oh, vinde, vinde para Belém
Vinde e vede
Nascido o rei dos anjos
Oh, vinde, e o adoremos,
Oh, vinde, e o adoremos,
Oh, vinde, e o adoremos,
Cristo o Senhor

Sim, Senhor, o saudamos
Nascido nesta manhã jubilosa
Jesus, a vós seja toda glória dada!
Palavra do Pai,
Agora em carne aparecendo!
Oh, vinde, e o adoremos,

Oh, vinde, e o adoremos,
Oh, vinde, e o adoremos,
Cristo, o Senhor.

E, enquanto o som lavava sua alma, ele caiu de joelhos na neve. O amor a tudo mudara.

A PROMESSA DE AMOR INCESSANTE

Esta é a promessa que Deus nos oferece em Romanos 8:38, e não somente de uma maneira fugaz, mas com constância incessante e devoção inquebrantável. Que dádiva inenarrável que Deus venha a nós em Cristo, em carne humana com a voz de um bebê, para nos mostrar o amor que está em seu coração para nós. Ele não veio somente como um bebê, mas derramou sua vida sobre nós para assegurar, de agora para toda a eternidade, que nada pode nos separar do amor de Deus. Nada, nenhum momento, situação ou espaço. Ele nos ama de verdade e nos diz: *Sou teu e tu és meu — para sempre.* Que conforto é essa declaração para cada momento de mágoa em que você se sente alienado, não amado e desprezado. Que paz e alegria que isso traz à vida que foi desgarrada. Uma promessa como essa pode fazer com que a alma solitária e desesperada ouse ir para o mundo mais uma vez. Uma promessa que estilhaça os muros de isolamento e traz para dentro amor para se passar adiante.

***Ele nos ama de verdade e nos diz:** Sou teu e tu és meu — para sempre.*

É exatamente assim que uma promessa afeta uma mulher que conheço. Só que ela não tentou alcançar auxílio. Ela o agarrou como se fosse sua própria vida.

Procurando por amor

Por doze anos, essa mulher — que nos Evangelhos não tem nome — foi torturada, malfalada e evitada pelos outros. Ela foi marginalizada por conta de um problema de saúde que lhe causava hemorragias. Na cultura judaica, essa situação fazia com que a mulher que sangrava fosse taxada de impura e colocada no ostracismo. Por doze anos, essa mulher não tinha lar, comunidade, amor, nem mesmo havia recebido um toque gentil. Foi alijada e isolada. Não podia assistir ao culto no templo nem visitar amigos na hora do jantar, porque qualquer prato que tocasse, ou cadeira em que se sentasse, estaria ritualmente sujo. Se ela fosse casada, seria dispensada pelo marido e por toda a família. Eis sua história de solidão e angústia:

> Tendo Jesus voltado de barco para a outra margem, uma grande multidão se reuniu ao seu redor, enquanto ele estava à beira do mar. Então chegou ali um dos dirigentes da sinagoga, chamado Jairo. Vendo Jesus, prostrou-se aos seus pés e lhe implorou insistentemente: "Minha filhinha está morrendo! Vem, por favor, e põe suas mãos sobre ela, para que seja curada e viva". Jesus foi com ele.
>
> Uma grande multidão o seguia e o comprimia. E estava ali certa mulher que havia doze anos vinha sofrendo de uma hemorragia. Ela padecera muito sob o cuidado de vários médicos e gastara tudo o que tinha, mas, ao invés de melhorar, piorava. Quando ouviu falar de Jesus, chegou-se por trás dele, no meio da multidão, e tocou em seu manto porque pensava: "Se eu tão-somente tocar em seu manto,

ficarei curada." Imediatamente cessou sua hemorragia e ela sentiu que seu corpo estava livre do seu sofrimento.

Marcos 5:21-29

Esse relato vem logo depois dos gasarenos implorarem para que Jesus partisse depois do chocante exorcismo. Assim, ele e os discípulos voltaram ao barco e velejaram para a costa ocidental da Galileia. Parece que durante os três anos do ministério de Jesus, as pessoas ou o recebiam com os braços abertos ou imploravam para que partisse. Sua presença sempre evocava uma poderosa resposta, e não seria diferente de volta a Cafarnaum.

Agora, em Cafarnaum, uma multidão lhe aguardava. Ainda que todos estivessem ansiosos para ver Jesus, havia duas pessoas que tinham uma necessidade desesperada de um milagre. Uma delas era uma mulher. A outra Jairo, um oficial religioso judeu que dirigia a sinagoga em Cafarnaum, um homem cuja filha estava doente e em estado crítico.

Jairo implora a Jesus que venha e toque em sua filha para que ela possa ser curada.

Jesus parte com Jairo, ainda que as pessoas continuem a segui-lo e, na verdade, comecem a se atirar nele. E é aí que Jesus para em seu caminho.

Alguém na multidão estende a mão e o agarra em busca de um milagre — e Jesus sentiu.

"Quem me tocou?", pergunta.

Centenas de olhos, as faces assombradas da multidão de pessoas que se comprimiam, encaram sem resposta. Ainda que todos se projetassem contra Jesus, todos negam terem-no tocado.

Pedro pergunta ao senhor — e você quase pode ouvir

o tom de incredulidade em sua voz (registrada somente em Lucas 8:45): "Mestre, a multidão se aglomera e te comprime." *Todo mundo o está tocando, Senhor. Quem é que* não *está tentando tocá-lo?*

Os discípulos não enxergam. Não compreendem que os milagres custam muito a Cristo. Ele *sentiu* que o poder o deixava. Não, não foi isso, Jesus diz: "Alguém tocou em mim; eu sei que de mim saiu poder" (Lucas 8:46). Somente Jesus está consciente do que aconteceu nesse momento: Jesus e a pessoa que o havia tocado — a mulher com hemorragia.

Dê uma olhada mais profunda sobre quem é essa mulher e o que esse incidente representa. Tocar, nem que fosse somente a beirada do manto de Jesus, que foi o que ela tocou, não era pouca coisa. Significava um grande risco para a mulher. Sob a lei do Antigo Testamento:

> Quando uma mulher tiver um fluxo de sangue por muitos dias fora da sua menstruação normal, ou um fluxo que continue além desse período, ela ficará impura enquanto durar o corrimento, como nos dias da sua menstruação. Qualquer cama em que ela se deitar enquanto continuar o seu fluxo estará impura, como acontece com a sua cama durante a sua menstruação, e tudo sobre o que ela se sentar estará impuro, como durante a sua menstruação. Quem tocar em alguma dessas coisas ficará impuro; lavará as suas roupas e se banhará com água, e ficará impuro até à tarde.
>
> LEVÍTICO 15:25-27

A Bíblia não nos diz o porquê de ela ter hemorragia. Só podemos presumir as possibilidades: teria ela tumores uterinos? Um desequilíbrio hormonal? Uma infecção para a qual não havia cura àquela época? Imagine: essa mulher havia vivido sob o estigma de "impura" por doze anos. Ela não ficava somente sete dias distante das pessoas, ficara doze anos e mais sete dias.

Marcos, que, em seu Evangelho, nos relata essa história, descreve sua condição como uma aflição. A palavra grega usada aqui é *mastigos,* que se traduz literalmente como "flagelo", ou "látego". Quando essa palavra é empregada, combina dois elementos: sofrimento físico extremo e vergonha.

Esta era uma mulher sofrendo tanto no corpo quanto na alma.

Fisicamente, sem dúvida, ela havia perdido peso e mesmo força. Provavelmente estava com uma anemia grave. Financeiramente estava arruinada. Marcos nos conta que ela havia sofrido bastante nas mãos dos médicos. Tentara de tudo para dar um jeito em sua situação. Os Evangelhos corroboram que ela havia gastado até o último centavo procurando ajuda, mas que nenhum tratamento, diagnóstico ou regime havia funcionado. Marcos nos diz que ela só piorara.

Você já esteve desesperado assim alguma vez?

Tenho uma querida amiga que descobriu que o parto de seu filho trouxe consigo a esclerose múltipla. Sua vida mudou da noite para o dia. Passou de uma mulher enérgica, animada e cheia de vida para alguém cujo corpo a traía um pouco mais a cada mês que passava. Foi de médico em médico, tentando tudo o que a medicina tradicional tinha a oferecer, e buscou até os tratamentos não ortodoxos. Inclusive submeteu seu corpo ao tratamento com ferrões de abelhas, em muitas sessões, para ver se esse método funcionaria. Era incrivelmente doloroso, e no fim, não fez diferença alguma.

A mulher hemorrágica dos Evangelhos era como ela,

estilhaçada, isolada, em completo desespero. Se vivesse hoje, poderia encontrar um grupo de apoio mas, naquela época, ela era uma pária. Tirando Madalena, que foi livrada por Jesus de sete demônios (Lucas 8:2), não consigo pensar em nenhuma outra mulher tão fustigada em todo o Novo Testamento. E ainda assim, apesar de não ter amor, ela não havia abandonado a esperança de, em um encontro divinamente marcado, ele estar ao alcance de seus braços.

O amor faz com que você assuma riscos

Cafarnaum e todas as cidades em torno da Galileia estão em polvorosa com as notícias sobre os milagres de Jesus. A todo lugar que vá, as pessoas são curadas, restauradas para novas vidas de propósito e júbilo. A mulher hemorrágica ouve as notícias e corre para a costa naquele dia, esperando por seu próprio milagre, esperando por nem que seja um relance deste Jesus deslumbrante. O desespero atiça esse fogo, e reaviva as brasas dormidas do "e-se" e do "se-ao-menos".

Se ao menos eu tocasse em suas vestes, eu seria curada, pensa a mulher hemorrágica (Marcos 5:28). Ela se aferra à esperança de que Jesus possa fazer o que mais ninguém pôde, nem mesmo uma legião de médicos.

Mas há uma multidão tão grande em torno de Jesus, e ela vai ter de se deslocar pela mesma gente que, por mais de uma década, a chamava de impura e de intocável. Todos estão tentando conseguir um lugar melhor para ver Jesus, para ficarem mais próximos dele, até mesmo aquele homem proeminente, Jairo. E Jesus para e escuta Jairo, concordando em seguir com ele.

O que posso fazer? Ela se pergunta.

A mulher faz uma pausa. Ela não tem direitos ali. Sequer deveria estar ali. É impura, intocável. Qualquer pessoa, ou qualquer coisa que a toque também se converterá em impura, intocável por pelo menos sete dias. Além disso, ela não pode pedir a Jesus para ajudá-la antes de ele ir à casa do principal rabino de Cafarnaum, cuja filha de doze anos estava morrendo! Ela era a antítese da filha de Jairo, que era amada, valorizada, e tinha toda a sua vida pela frente. Ninguém mais lutava por essa mulher. Ela não tinha quem a defendesse.

Você já esteve nesse lugar? Está nesse lugar nesse exato momento? Talvez você tenha aprendido há um bom tempo que os contos de fada são cruéis em suas promessas, porque, na verdade, ninguém vem nos socorrer.

Mas a possibilidade de amor, um amor que transforma e cura, é grande. A mulher toma uma decisão que muda sua vida. Não importa o quanto isso lhe custe, sua situação não tinha como piorar. De qualquer modo, já havia gastado tudo o que tinha: suas economias, seu próprio ser. De fato, ela é uma mulher morta ambulante.

Sua encruzilhada me faz pensar sobre um dos vales de minha vida. Uma amiga me havia dito: "quando a dor de permanecer é maior que a dor de mudar, então você muda."

Essa declaração, tão simples quanto profunda, ficou comigo e vem à minha mente agora. Algumas vezes, o lugar em que estamos, mesmo que doloroso, pode ser familiar e nos dar um sentido doentio de conforto. Você já esteve em um lugar em que sabia que Deus o estava chamando para sair e tomar as rédeas da vida, porém estava com medo demais para isso?

A mulher hemorrágica estava nesse lugar. Ela encarava a

possibilidade de ser humilhada publicamente pela multidão, e, pior que isso, pelo rabino e pelo próprio Cristo. Ela sabia que, assim que tocasse Jesus, ela o tornaria impuro. Se ele estivesse ritualmente impuro pelos próximos sete dias, ele não poderia entrar na casa de Jairo. Será que seu desejo por se tornar sã custaria a vida daquela menina? Desconsiderando as consequências, como ela poderia continuar daquele jeito quando a possibilidade de mudança se apresentava bem à sua frente?

Indigno de ser salvo

Você poderia achar que a luta dessa mulher contra sua situação social e solidão já seriam tortura suficiente. Sem mencionar as opções que ela estava ponderando entre sua saúde e a vida da criança. Mas você consegue imaginar que tipo de angústia mental e espiritual deve ter grassado dentro de seu coração e de sua mente? Da mesma forma que os demônios tripudiavam do pobre homem vivendo entre os mortos, a mulher hemorrágica vinha digladiando-se com seus próprios demônios do autodesprezo, em vozes que se repetiam em sua cabeça *por doze anos.*

Você conhece essas mentiras. Todos já as escutamos antes, e especialmente naqueles momentos em que Deus nos chama para assumir um risco e amar como ele ama:

Quem você pensa que é?
Você não vai mudar nunca!
Não há esperança para você.
Se as pessoas soubessem quem você é de verdade, não iriam querer nada com você.
Por que você fica tentando? As coisas não mudam nunca.

Você não vale nada!

Uma das maiores estratégias do inimigo é nos fazer acreditar que não somos dignos de salvação e de amor. Ele nos atormentará com suas acusações malignas. Mas o que podemos recordar, uns aos outros, e o que ninguém lembrou à mulher naquele dia, é isto: Satanás não é onisciente. Diferente de nosso Pai, que sabe o que pensamos mesmo antes de pensarmos, o inimigo nada sabe de nós. O Cântico de Davi nos recorda disso:

> *Senhor, tu me sondas e me conheces.*
> *Sabes quando me sento e quando me levanto; de longe percebes os meus pensamentos.*
> *Sabes muito bem quando trabalho e quando descanso; todos os meus caminhos te são bem conhecidos.*
> *Antes mesmo que a palavra me chegue à língua, tu já a conheces inteiramente, Senhor.*
>
> *Salmo 139:1-4*

Esta é a chave para a compreensão da promessa de Deus de nos amar. Ele nos dá ferramentas para acreditar, arriscar e permanecermos com ele. Satanás pode sussurrar uma mentira para você, mas não tem controle sobre se você acreditará ou não. O amor de Cristo não conhece fronteiras e não reconhece rótulos. Algumas culturas exaltam os homens em detrimento das mulheres, mas Jesus não o faz. Algumas culturas colocam os brancos acima dos negros, mas Jesus vê além da cor da pele, com um amor que penetra qualquer preconceito. O que quer que haja em sua vida que o faz se sentir segregado — sejam os rótulos "divorciado", "sem filhos", "doente", "desempregado", "psiquiatricamente enfermo" — o apóstolo Paulo trata dessa situação afirmando que nenhuma coisa em toda a criação poderá nos alijar do amor de Deus em Cristo Jesus nosso senhor.

O amor de Cristo não conhece fronteiras, e não reconhece rótulos.

Está claro que há coisas nessa vida que nos oprimem como aquela multidão, ameaçando nos afastar de Deus e de seu Amor. Você pode até recair, mas pode também exercitar a fé daquela mulher hemorrágica.

Tente isto. Naqueles momentos difíceis, quando está pondo em questionamento o amor de Deus por você, pense em si mesmo como se estivesse no mais alto degrau de um lance de escadas. Você escuta: *Deus não se importa. Não há esperança.* Se optar por deixar que essa mentira crie raízes em você, então você desce mais uma escada. À medida que se abre mais e mais à mentira e ao desespero, seus passos ganham velocidade, até que você se encontra tropeçando para o fundo do poço em um salto derrotado.

Se você rejeitar a primeira mentira, no entanto, o inimigo não pode derrubá-lo. O problema é que suas mentiras são muito sutis inicialmente, e alimentam-se do que muitos de nós sentem a respeito de nós mesmos, como um disco familiar que toca sem parar em sua cabeça, dizendo-lhe as coisas negativas que você tem ouvido ao longo dos anos.

Você pode parar o disco. Não é uma coisa de uma hora

para outra, mas você pode começar a substituir cada mentira pela Palavra de Deus, suas promessas, tentando alcançar a beirada das vestes de Jesus. Jesus é o eterno lugar de promessa, o lugar em que um milagre pode ocorrer — porque, para cada problema, há uma promessa.

Jesus é o eterno lugar de promessa, o lugar em que um milagre pode ocorrer — porque, para cada problema, há uma promessa.

O PROBLEMA: "Estou sufocado pela ansiedade!"

A PROMESSA (Filipenses 4:6,7): "Não andem ansiosos por coisa alguma, mas em tudo, pela oração e súplicas, e com ação de graças, apresentem seus pedidos a Deus. E a paz de Deus, que excede todo o entendimento, guardará os seus corações e as suas mentes em Cristo Jesus."

O PROBLEMA: "Ninguém vê o fardo que eu tenho que carregar!"

A PROMESSA (Mateus 11:28): "Venham a mim todos os que estão cansados e sobrecarregados, e eu lhes darei descanso."

O inimigo adoraria nos fazer tropeçar e cair e nunca voltar a Cristo, que está investido da promessa do amor de Deus. Mas temos de escolher se queremos nos fiar nas mentiras do inimigo ou não. Ele está contando com o fato de que sua estratégia já funcionou antes, mas, pela graça de Deus, podemos mudar isso. E uma mulher em quem ninguém acreditava e que havia sido marginalizada está prestes a nos mostrar como.

Do desespero para a filha

Estou impressionada com o fato de que essa mulher, estilhaçada e fisicamente fraca que pode ter caminhado por uns cinquenta quilômetros para chegar a Cafarnaum, continua se movendo. Uma vez que Jairo implorou a Jesus para ir à sua casa, deve ter acontecido uma súbita aceleração, uma urgência para que Cristo e seus seguidores seguissem para a casa onde a menina estava deitada, morrendo.

A mulher deve ter se condoído ao ver que sua chance de cura estava se deslocando mais rapidamente pelas ruas de Cafarnaum. O momento oportuno estava escorrendo de suas mãos, à medida que Jesus se movia pela multidão.

Mas ela se esforça. Prefere acreditar que ainda há esperança. Com cada grama da força que lhe resta, ela se acotovela e alcança a beirada das vestes de Cristo. Um toque é tudo o que ela consegue. Mesmo assim, um toque é tudo o que precisa. Até um fugaz toque de amor importa, quando você ficou sem amor e sem ser tocada por tanto tempo. Então, quando ela vê uma pequena clareira na multidão, se estica e toca a beirada das vestes de Jesus. "Imediatamente cessou sua hemorragia e ela sentiu em seu corpo que estava livre do seu sofrimento" (Marcos 5:29). A palavra que traduzimos como "beirada" é a grega *kraspedon,* que significa "beira, borda, debruado de uma veste". Mas também pode se referir à borla que os israelitas usavam nos quatro cantos de seu manto. Por que ela tocou a borla de seu manto, e não seu braço ou sua mão? Aparentemente, a força que lhe restava permitiu apenas que ela tocasse a mais improvável das partes de Cristo, enquanto ele caminhava. Ajoelhada no chão de barro, recebendo a poeira que a multidão chutava, ela tomou seus últimos vestígios de esperança e os gastou com um toque.

As hemorragias estancaram. Desse jeito. Será que ela sentiu imediatamente? Você pode imaginar como ela se sentiu? Vivia com um vento de vergonha soprado inclementemente sobre seu rosto, ano após ano, e, de repente, esse vento simplesmente cessou. A dor desapareceu. Estava pura. Estava revivida. No lugar do sangue que lhe escoava a vida para fora, nova vida e poder entravam em suas veias.

Seria muito fácil para a mulher se recolher de volta à multidão, desfrutando privadamente do milagre, contente em saber que havia recebido aquilo de que precisava. Há indicações de que ela iria levar a cura e seguir seu caminho — ela não gritou ou exclamou, ela sequer tentou parar Jesus para agradecê-lo.

Mas Jesus não nos dá o que nós *acreditamos* necessitar. Ele nos dá o que ele *sabe* que precisamos, e ele nos dá pelo amor que tem por nós, profundo e irrefutável. Jesus queria que essa mulher, que havia vivido tanto tempo em isolamento, sem amor, intocável, recebesse não somente a solução para suas aflições, mas um relacionamento com ele que mudaria tudo. E uma restauração com sua família e sua comunidade. "No mesmo instante, Jesus percebeu que dele havia saído poder, virou-se para a multidão e perguntou: 'Quem tocou em meu manto?'" (Marcos 5:30).

Jesus não nos dá o que nós* acreditamos *necessitar. Ele nos dá o que ele* sabe *que precisamos, e ele nos dá pelo amor que tem por nós, profundo e irrefutável.

Conte sua história

Os discípulos acharam que essa era a questão mais ridícula que Jesus já lhes havia feito. A multidão estava comprimindo--se contra Jesus, acotovelando-se para conseguir uma visão melhor. As crianças brincavam a seus pés, e, sem dúvida, Jairo estaria quase correndo, abrindo o caminho para Jesus, célere. O que Jesus quis dizer com: "Quem tocou no meu manto?"

Mas Jesus sabia. Ele sentia. Sentiu o poder de Deus fluindo dele. E não fez a pergunta porque não sabia a resposta, ou porque ele quisesse receber os agradecimentos ou quisesse humilhar a mulher em frente à multidão. Ele fez a pergunta porque a amava. Queria dar a ela muito mais do que o que ela havia solicitado — ela queria cura em seu corpo, mas Jesus queria curar-lhe sua mente, seu espírito e seus relacionamentos.

É interessante que a palavra hebraica para "salvação" seja *sozo* e signifique "ser salvo" e "ser curado, ser restaurado à completude". Se a mulher tivesse fugido naquele dia, será que ela teria considerado que havia roubado um milagre? Será que ela sabia que Jesus já sabia quem ela era e que não haveria julgamentos sobre a sua situação, somente a cura? Perceba, no entanto, que Jesus não apontou para ela quando ela o tocou e disse: "foi você, não foi?." Ele deixou que ela decidisse se mostrar ou não: "Então a mulher, sabendo o que lhe tinha acontecido, aproximou-se, prostrou-se aos seus pés e, tremendo de medo, contou-lhe toda a verdade." (Marcos 5:33)

Toda a verdade

Que dádiva maravilhosa Cristo deu a essa mulher. Deu-lhe um lugar para dizer a ele toda a verdade, e, naquele momento tão vulnerável, uma chance de ser completamente vista e inteiramente amada.

Você alguma vez já contou a Jesus toda a verdade? Esse é um pensamento que nos causa medo, e ainda assim a grande ironia é que ele já sabe de toda a verdade, e nos ama mesmo assim. Se a mulher tivesse escapulido naquele dia, seu corpo podia estar curado, mas será que a vergonha residual não tornaria sua aflição contínua?

Em vez disso, essa brava, alquebrada e curada mulher caiu aos pés de Jesus e contou-lhe tudo. Não sabemos o que ela contou, mas imagino que disse-lhe como sua aflição começara, e o que isso lhe custara. Contou-lhe o quanto se sentiu solitária, e por um tempo tão longo. Contou-lhe sobre a vergonha, a dor e o medo. Talvez esperasse por misericórdia, mas recebeu bem mais que isso: "Então ele lhe disse: 'filha, a sua fé a curou! Vá em paz e fique livre do seu sofrimento'" (Marcos 5:34).

Esta é a única vez nas Escrituras em que Jesus dirige-se a uma mulher como "filha"[1]. Que saudação gentil e acolhedora essa para alguém que há tantos anos era marginalizada. Todos ao redor naquele dia ouviram Jesus dizer aquelas palavras. Ele declarou que tinha sido a fé desta mulher que havia trazido sua cura e completude, e então ele a deixou, com uma oração de bênção e paz.

Nunca voltamos a nos encontrar com ela nas Escrituras, mas me pergunto como teria sido o resto de seu dia. Se ela era casada, não teria podido tocar a mão de seu marido por doze anos, ou beijar as faces de sua mãe, ou sentar-se à mesa com amigos, rindo e discutindo a vida frente a uma boa refeição. Na minha imaginação, vejo-a voltando enfim para a família, retornando a seu lar. Se o período de espera de sete anos ainda estava valendo, eles com certeza teriam ouvido falar de sua cura. Será que sabiam que sua mãe, há tanto tempo perdida, estava voltando para casa? Talvez estivessem todos em casa, o pai, as crianças, depois de uma refeição, quando a porta se abriu lentamente.

E sobre a filha de Jairo?

Tão maravilhosa é essa cura e restauração que, se eu fosse Jairo, teria ficado completamente despreocupada. Talvez eu ficasse aborrecida ou mesmo zangada. A morte da sua filha é sua única preocupação. Correr é tudo o que está em sua mente neste momento, chegar à casa. Ele está consumido pela urgência. Seu coração está batendo no peito. Cada segundo que Jesus passar aqui, ouvindo a história desta mulher com hemorragia, é um segundo que aproxima sua filha da morte. E então vêm as palavras: "Sua filha morreu", disseram. "Não precisa mais incomodar o mestre!" (Marcos 5:35).

Jairo deveria estar prestes a gritar, mas Jesus ouve a proclamação e volta para o chefe da sinagoga e diz: "Não tenha medo, tão-somente creia" (Marcos 5:36).

Em seguida, deixando a multidão, permitindo que somente Pedro, Tiago e João (irmão de Tiago) o acompanhasse, Jesus vai à casa de Jairo. Talvez ele soubesse que havia já uma multidão lá, chorando e lamentando em um canto fúnebre de luto. Jesus olha para o sofrimento agudo, e você tem de ver o amor e a compaixão em seus olhos. Ele oferece palavras para acalmar as pessoas de luto, para dar-lhes a paz. "Por que todo este alvoroço e lamento?" Ele diz: "A criança não está morta, mas dorme" (Marcos 5:39).

As pessoas riem de Jesus. Mas Jesus não tem tempo para entreter a multidão. Ele coloca todos para fora da casa, exceto Jairo e sua esposa, além de Pedro, Tiago e João. *Isto não é lugar*, as ações de Jesus nos dizem, *de riso ou escárnio ou descrença*. Ele vai para onde a menina está e toma-a pela mão. "Menina, eu lhe ordeno, levante-se!!" (Marcos 5:41).

E imediatamente a menina se levanta e começa a caminhar.

Que tipo de amor é este?

Acho interessante que a filha de Jairo tenha *doze* anos de idade. Pense sobre os paralelos deste dia. Por *doze* anos a mulher hemorrágica sofreu e lutou, foi despedaçada e marginalizada. Por *doze* anos Jairo amava sua garotinha. Eu me pergunto se Jairo sentou-se naquela noite e refletiu sobre a estranha "coincidência", como alguns poderiam dizer que, para cada dia da vida de sua filha, a mulher tenha enfrentado a dor. Quando sua filha aprendeu a engatinhar, a mulher estava com dor. Quando sua filha deu o primeiro passo, a mulher estava sofrendo. Quando a sua menina tinha idade suficiente para passar a noite na casa de sua melhor amiga, a mulher ainda estava chorando nas trevas. Isso não foi coincidência e ilustra tão claramente duas coisas sobre Deus e sua promessa de nos amar. Primeiro, seu *status* na vida não faz diferença para o amor de Deus para você. Cristo trata cada pessoa, criança ou idoso, aflito ou morto, com uma dignidade que o nosso mundo não oferece. Ele não disse à mulher: "Eu adoraria ouvir sua história, depois que eu cuidar da filha deste homem importante." Não, ele levou todo o tempo que ela precisava, ali mesmo. A segunda coisa é um grande mistério. À menina de Jairo só foi consentido um curto período de sofrimento até que Cristo a curasse, mas a mulher com hemorragia teve de esperar doze anos.

Que tipo de amor é esse? Alguns podem estar se perguntando. Alguém pode responder? Uma menina morreu e foi rapidamente trazida de volta à vida. Uma mulher sofreu muitos anos e acabou sendo trazida de volta à completa saúde. Uma provação foi pior que a outra? Um estado foi mais terrível do que o outro?

Uma espécie de provação e de dor não pode ser considerada mais grave ou terrível que a outra. Dor é dor, seja de uma menina ou de uma mulher. O sofrimento é o sofrimento, não importando se dói por um tempo curto ou por anos. A perda é perda se tira alguma coisa por um momento ou uma vida inteira. Há coisas sobre esta Terra que nós nunca vamos entender. Mas o amor que cura tudo, transforma tudo, e traz vida para todos é o mesmo. O amor que levou Jesus a dar a essa mulher intocável não somente a cura, como também plenitude emocional e espiritual, também arrancou uma criança morta das garras da morte. Seu amor anseia para tocar todas as vidas e permitir-lhes alcançá-lo também.

Então me deixe lhe fazer uma pergunta: há quanto tempo você tem sangrado? Poucos entre nós conhecerão o tipo de perda física de sangue que essa mulher enfrentou, mas há quanto tempo você tem o sangramento da vergonha ou de uma mágoa tão profunda que você acredita que nunca vai curar? Convido-os a se jogarem aos pés de Cristo e, desta vez, contar a ele toda a sua história.

Pois nem a morte, nem a vida, nem anjos, nem as coisas do presente nem as que virão, nem poderes, nem altura, nem profundidade, nem qualquer outra coisa na criação poderá nos separar do amor de Deus em Cristo Jesus nosso senhor.

6

Graça

Eu fracassei

A Promessa

Minha graça é suficiente para você, pois o meu poder se aperfeiçoa na fraqueza.

2 Coríntios 12:9

Eu nunca vou esquecer o funeral de Eleanor, minha sogra. Esta foi a primeira vez que vi o corpo de alguém que havia morrido. Quando eu era criança, na Escócia, o agente funerário recolhia o corpo, e a família não iria vê-lo novamente até que o caixão fosse selado. Eleanor morreu por conta da devastação do câncer do cólon que se espalhou para seu fígado. Estava com sessenta e tantos anos, era uma mulher relativamente jovem.

Nos últimos dias de sua vida, me perguntou se eu poderia fazer algumas coisas para ela antes que morresse, e antes que seu corpo fosse visto por aqueles que viessem pagar-lhe os últimos respeitos, já que pagar os respeitos é algo levado muito a sério em sua cidade natal de Charleston, no estado da Carolina do Sul. Pediu-me que a velasse primeiro, para garantir que sua aparência fosse do jeito que ela queria; que ajeitasse seu cabelo e que lhe pusesse os brincos que eu usara no dia do meu casamento. Pediu-me também que colocasse nela o colar que Christian costumava mordiscar quando lhe estavam nascendo os dentes, e que eu colocasse no caixão sua fotografia predileta dela com Christian.

Para quem está familiarizado com este lado do ritual da vida e da morte, essas coisas não podem parecer grande coisa, mas para mim são avassaladoras. Eu estava muito nervosa com a perspectiva, mas era importante para ela, e eu não podia dizer não.

Cinco de nós foram para a funerária naquele dia. Barry, seu pai e eu estávamos acompanhados por nossos queridos amigos, Mary Graham e Ney Bailey. O diretor da funerária, que era um amigo da família, nos levou para a sala onde o caixão fora colocado sobre uma mesa em uma extremidade. Todo mundo recuou por um momento. Então, com os brincos, o colar e a foto na mão, fui em frente.

Uma boneca de porcelana, pensei. É exatamente como Eleanor pareceu para mim. Seu cabelo e maquiagem pareciam impecáveis, e havia uma espécie de elegância em sua expressão estática. Elegância pode soar como uma palavra estranha para se usar, mas Eleanor sempre foi, como eu, muito faladora e correspondia àquele estereótipo que diz que as ruivas são impetuosas e ígneas, mas agora ela parecia quase pousada, serena.

Foi só quando me inclinei para colocar o primeiro brinco e minha mão roçou seu rosto macilento, que a realidade de tudo isso me atingiu. Coloquei o outro brinco nas orelhas, acrescentei o colar e coloquei a fotografia de Eleanor e Christian junto à almofada de cetim na tampa do caixão. Enquanto ajeitava uma mecha de cabelo da maneira que ela costumava usar, tive com ela uma última conversa, em minha mente.

"Sheila", ela perguntou. "Sei que já conversamos sobre isso antes, mas você realmente acredita que Deus me ama tanto quanto ama você?"

Acredito, com todo meu coração, disse.

"Eu não tenho tanta certeza.Você não acha que ele deve amar uns mais que outros? Os bons, aqueles que entregam a ele toda sua vida, aqueles que não cometem tantos erros?".

"Mãe, o amor de Deus por nós é baseado em quem ele é, não em como nós agimos", disse. Enquanto dizia isso me lembrei de uma das coisas que Eleonor gostava de dizer: "Endireite-se e faça a coisa certa!"

"Mãe, eu sei que, na maior parte da sua vida, você acreditou que o amor de Deus era baseado sobre se fazemos escolhas boas ou más, mas a cruz torna bastante claro que nenhuma quantidade de boas escolhas jamais seria o suficiente.Você é amada da mesma forma nos dias em que você sente que fez um bom trabalho como nos dias em que você sabe que estragou tudo."

"Eu sei que você acredita nisso", ela sussurrou. "Só que é tão difícil de acreditar".

Você é amada da mesma forma nos dias em que você sente que fez um bom trabalho como nos dias em que você sabe que estragou tudo.

A PROMESSA DA GRAÇA

Eleonor estava certa. É difícil acreditar que Deus ama a cada um de nós igualmente, sem medida ou mérito, e que sua graça nos abriga não importando o que fazemos ou o que deixamos de fazer. Acho que é difícil porque não há outra relação na Terra que seja assim. Todas as relações que temos são afetadas, de uma maneira ou de outra, por nosso comportamento ou por aquilo que falamos.

Em uma amizade, se abusarmos do relacionamento de alguma forma, haverá consequências. Tornaremo-nos mais distantes e formais. Às vezes, se o nosso comportamento não for adequado o suficiente, isso vai nos custar esse amigo. Para a criança que berra, grita ou se recusar a ouvir os pais, há uma causa e um efeito. No casamento, o casal está diante de Deus, da família e dos amigos para um juramento de amor até que a morte os separe. No entanto, cerca de metade de todos os casamentos terminam em divórcio por causa de nosso comportamento e das nossas escolhas.[1] Todo relacionamento terreno nos prova que o amor e a aceitação são condicionadas, e podemos estragá-los a qualquer momento.

É por isso que ser amado para sempre, com base em nada mais que a capacidade de alguém de amar incondicionalmente é, como disse Eleanor, "difícil de acreditar". Cada um de nós não está batalhando para encontrar um tal amor, uma tal graça? Não estamos, cada um de nós, vendo que o amor terreno nos falha, tanto intencionalmente quanto — no caso de mortes e separações trágicas, sem ter a intenção?

Quando estava trabalhando neste capítulo, fiz uma pausa para um lanche e liguei a televisão. O show *Family Feud* [Família contra Família] surgiu na tela. Eu não sei se você já viu esse *game show*, mas a premissa básica é que existem duas famílias rivais para ganhar um prêmio em dinheiro. Eles se deparam com um questionário com perguntas como: "Diga o nome de uma coisa que você compra sem experimentar." As equipes têm de listar aquelas que estariam entre as cem mais citadas, a partir de uma consulta popular. Ao me sentar com o meu queijo e meus biscoitos, a pergunta era: "Diga uma coisa que um homem muda quando ganha muito dinheiro." Eu quase engasguei quando percebi que a resposta número um era: "Sua esposa!" Não é de se admirar que lutamos para aceitar o amor incondicional de Deus. O único lugar que encontramos amor como este está no coração de Deus nosso Pai, e foi expresso nesta Terra por meio de Cristo, seu Filho. Esse tipo de amor divino é a *graça*.

Quando você pensa na palavra "graça", o que vem à sua mente?

Sempre ouvi a palavra *graça* ser descrita como "favor sem merecimento". O conceito de graça no Antigo Testamento poderia ser descrito também dessa forma, mas acrescente algumas outras ideias e pode ficar também confuso. Por exemplo, a mais antiga e confiável tradução grega do Antigo Testamento, chamada de *Septuaginta*, traduz "graça" por "favor": "Noé encontrou o favor ante os olhos do Senhor" (Gênesis 6:8). E então a mesma palavra para "graça" é usada em Gênesis 32:5, quando Jacó rouba o direito de primogênito de seu irmão, Esaú, e envia ofertas, dizendo "para que eu possa encontrar favor ante seus olhos". Então fica claro que o favor foi mostrado a Noé por causa da maneira como ele vivia, mas, também há o caso de Jacó, e a ideia do perdão é plantada, porque ele procura o favor de Esaú por conta de um pesar. Acrescente a essas duas ideias, mais uma: veja como

Deus lida com os filhos de Israel, e você verá sua graça descrita como "misericórdia" e "favor", demonstrada a cada vez que os israelitas se revoltam e se distanciam dele. Um exemplo ocorre quando Moisés bate na rocha por duas vezes, no lugar de falar a ela, como Deus o havia instruído — a Moisés não é permitido entrar na Terra prometida de Canãa por conta de seu malfeito (Números 20).

No Novo Testamento, uma nova onda de graça nos atinge. Em grego, a palavra para "graça" é traduzida como *charis*, de onde recebemos a palavra *caridade,* também significando "amor", "boa vontade" e "amor-gentileza". Para participar dessa graça, este favor não merecido, o único requisito é uma relação com Jesus Cristo:

> Consequentemente, assim como uma só transgressão resultou na condenação de todos os homens, assim também um só ato de justiça resultou na justificação que traz vida a todos os homens. Logo, assim como por meio da desobediência de um só homem muitos foram feitos pecadores, assim também, por meio da obediência de um único homem muitos serão feitos justos.
>
> A lei foi introduzida para que a transgressão fosse ressaltada. Mas onde aumentou o pecado, transbordou a graça.
>
> ROMANOS 5:18–20

Paulo enfatiza essa questão quando fala aos Romanos. A graça de Deus, diz ele, é gratuita, mas nunca deve ser vista como uma licença para o pecado: "Que diremos, então? Continuaremos pecando para que a graça aumente? De maneira alguma! Nós, os que morremos para o pecado, como podemos continuar vivendo nele?" (Romanos 6:1,2). Dessa forma, de um lado, temos essa dádiva que jamais poderemos merecer ou retribuir; por outro lado, somos chamados a esse relacionamento, em que, quanto mais perto estivermos do coração de Deus, mais parecidos com ele nos tornaremos e menos vontade de pecar teremos.

Parece complicado, não é? Ainda assim, uma coisa fica clara como cristal: Deus é sempre o iniciador de seu amor e misericórdia — do tipo de força que preenche nossa fraqueza, o tipo de perfeição que cobre nossas falhas, o tipo de abrigo que diz: "vou ficar com você e amá-lo durante todas as suas falhas." Deus é quem nos busca, que nos atrai para esse lugar de graça, o abrigo de suas promessas.

Deus é quem nos busca, que nos atrai para esse lugar de graça, o abrigo de suas promessas.

Meu filho de treze anos define esse tipo de graça como "perdão". Quando pedi a ele que explicasse, me disse: "Bem, quando você pensa que ele é Deus e que nós não somos, não há razão para que ele continue a nos amar quando estragamos as coisas. Mas ele o faz. Ele nos perdoa. Isso é graça."

Sim, isso é graça.

O que nós estragamos, ele conserta. Quando somos fracos, ele é forte. Quando não temos controle sobre nossas imperfeições, ele se apressa para nos tocar e amorosamente nos mostra a maneira como nos vê e nos conclama a sermos. Escuta com paciência nossas dúvidas e medos e proclama: *De todo meu coração, estou lhe dizendo que você é amado da mesma forma nos dias em que sentiu que fez um bom trabalho e nos dias em que sabe que estragou tudo. Você é amado e sempre será amado, e vou amá-lo e perdoá-lo até o fim.*

A extensão da graça

Jesus enfatiza esta verdade, a busca de Deus por nós, em todas as histórias que contou ao longo do seu ministério. Praticamente todos os exemplos que nos deu foram para nos lembrar do coração de Deus, e de quão longe irá a graça para nos alcançar. Três de suas parábolas, em particular, deixam claro sobre as nossas falhas e como Deus vem para ajeitar as coisas ou pessoas que se perderam: a ovelha perdida, a moeda perdida e o filho perdido. Em cada história, o tema é consistente: quem ou o que se perdeu não pode reparar nada, e não tem de fazê-lo (Lucas 15).

Na história da ovelha perdida, o pastor que tinha cem ovelhas deixou as 99 para procurar aquela que se perdera. Quando a encontra, ao invés de ralhar com a ovelha, ele a coloca sobre os ombros e a leva para casa, convidando os vizinhos a se regozijarem com ele por ter encontrado seu precioso cordeiro.

Na história da moeda perdida, uma mulher tinha dez moedas, dracmas gregos, cada uma delas valendo cerca de um dia de salário. Quando se dá conta de que perdera uma, acende uma lâmpada e varre a casa inteira até que a encontra. Quando a encontra, convida toda a comunidade para celebrar com ela o fato de que aquela moeda, que estava perdida, agora tinha sido encontrada.

A do filho pródigo é talvez a mais emocionante e, para os que a ouviram, foi a mais controversa de todas. Aqui a graça é mostrada em sua forma mais austera e arrebatadora:

Jesus continuou: "Um homem tinha dois filhos. O mais novo disse ao seu pai: 'Pai, quero a minha parte da herança'. Assim, ele repartiu sua propriedade entre eles.

Não muito tempo depois, o filho mais novo reuniu tudo o que tinha, e foi para uma região distante; e lá desperdiçou os seus bens vivendo irresponsavelmente. Depois de ter gasto tudo, houve uma grande fome em toda aquela região, e ele começou a passar necessidade. Por isso, foi empregar-se com um dos cidadãos daquela região, que o mandou para o seu campo a fim de cuidar de porcos. Ele desejava encher o estômago com as vagens de alfarrobeira que os porcos comiam, mas ninguém lhe dava nada.

Caindo em si, ele disse: 'Quantos empregados de meu pai têm comida de sobra, e eu aqui, morrendo de fome! Eu me porei a caminho e voltarei para meu pai, e lhe direi: Pai, pequei contra o céu e contra ti. Não sou mais digno de ser chamado teu filho; trata-me como um dos teus empregados'. A seguir, levantou-se e foi para seu pai."

LUCAS 15:11–20

A maioria de nós está familiarizada com essa história — tão familiarizados, de fato, que não conseguimos nos dar conta de quanto ela foi chocante para aqueles que a escutaram, ao vivo, dos lábios de Jesus. Em parte, talvez seja porque vivemos em uma cultura bombardeada pelos *reality shows* e pelos programas de entrevistas que sobrevivem da dor e das más escolhas das famílias desconjuntadas. Mesmo nos círculos cristãos, não é comum ouvir falar de um filho que rejeita os padrões da família e parte para "se encontrar". Mas para a multidão que escutou aquela história, naquele dia, essa seria uma história de uma grande vergonha aplacada a uma família. A cultura era bastante patriarcal, e o respeito e a honra aos pais era um mandamento não verbal. Cada um dos elementos que Jesus inclui nessa história só acrescenta assombro:

- *Um rapaz ofende seu pai ao pedir-lhe a herança mesmo antes de o pai morrer. Isto soaria profundamente ofensivo àqueles que escutavam a história.*
- *Para deixar o insulto mais grave, o filho se dirige à cidade grande e gasta o dinheiro que o pai tinha conquistado com muito esforço e trabalho, indo de uma festa a outra.*
- *Quando o filho já não tem nada e quer comer a comida que está dando aos porcos (um animal impuro para os judeus, por isso só estar próximo a eles já seria uma afronta), decide voltar para casa e implorar por um trabalho na fazenda de seu pai. Pela lei, ele nunca deveria mostrar o rosto para seu pai de novo.*

Enquanto a multidão ia escutando Jesus contar a história, já deviam estar imaginando que castigo o pai iria lançar contra o filho. Posso ver as pessoas se olhando umas às outras, sacudindo a cabeça pensando no horror de tal coisa! Uma coisa é uma ovelha estúpida se perder, basta procurar por ela, que é uma propriedade. E uma moeda? Sim, valia a pena ir atrás do salário de um dia. Mas esperar, pacientemente, por um filho que havia verbalizado um desejo de morte do pai, e que então ousa voltar para casa esperando qualquer tipo de misericórdia? Impensável.

Ninguém daquela multidão deveria estar preparada para o que Jesus apresentou como o desfecho da história:

> Estando ainda longe, seu pai o viu e, cheio de compaixão, correu para seu filho, e o abraçou e beijou.
>
> O filho lhe disse: 'Pai, pequei contra o céu e contra ti. Não sou mais digno de ser chamado teu filho'.

> Mas o pai disse aos seus servos: 'Depressa! Tragam a melhor roupa e vistam nele. Coloquem um anel em seu dedo e calçados em seus pés. Tragam o novilho gordo e matem-no. Vamos fazer uma festa e comemorar. Pois este meu filho estava morto e voltou à vida; estava perdido e foi achado'. E começaram a festejar."
>
> LUCAS 15:20-24

Uma festa para um pecador

Até onde interessa aos ouvintes, o pai do filho pródigo deveria ter se esquecido do rapaz. Em vez disso, ficou esperando por ele todos os dias, na esperança de que aquele fosse o dia em que ele voltaria para casa. Então muitos aspectos da história pareceriam ultrajantes: que esse ingrato e petulante filho valesse tanto para o pai, e que o pai corresse para saudar o filho quando ele de fato voltou para casa (que indigno para um patriarca de uma família era ser flagrado correndo, mesmo assim estava correndo exatamente em direção àquele que havia desafiado sua autoridade). Realmente ultrajante. Não havia precedentes para esse tipo de amor e misericórdia, para esse tipo de graça.

O filho pródigo havia preparado algum tipo de discurso enquanto cambaleava os últimos e escaldantes quilômetros que o separavam de casa, mas nunca teve a chance de pronunciá-lo, porque o pai já estava dando instruções aos servos: "Tragam o melhor manto que tivermos em casa, coloquem nele um anel, como símbolo de que ele não é um servo, mas sim um filho amado, e peguem aquele animal que estávamos guardando para um dia especial, e abatam-no, porque a graça está sendo derramada!"

"Isso é ultrajante!", devem ter dito as pessoas que escutavam Jesus contar a história.

Aquela era a questão exata. O amor de Deus por nós é sem precedentes, ultrajante e avassalador, especialmente para um homem naquela multidão, naquele dia, que ouviu a história. Ainda que a tivesse escutado, não fazia ideia de quanto precisaria da verdade contida nessas palavras nos dias que se seguiriam.

O amor de Deus por nós é sem precedentes, ultrajante e avassalador.

À medida que relia essa história que conheço de cor desde criança, me encontrei em situações inesperadas: eu sou o pródigo, e sou também o irmão mais velho. A maestria de Jesus na arte da narrativa é como um espelho colocado diante de nós para ver se iremos enxergar. Isso seria profundamente ofensivo para a multidão que o escutava, naquele dia, porque, no fim das contas, Cristo estava dizendo: "Vejam-se aqui, vocês são os personagens centrais." Cada um de nós, à sua maneira, tem esbanjado o que o Pai nos deu, talvez não de forma escancarada como a do filho mais jovem, mas do nosso jeito. Você não acha que cada um de nós sentiu uma onda de indignação hipócrita quando viu que a graça de Deus tinha sido dirigida àquele que nos ofendeu no nível mais profundo? E que ainda foi recebido em festa? A graça é ofensiva antes de ser libertadora.

Uma promessa para Pedro

É impressionante pensar que Pedro estivesse próximo a Jesus para ouvir aquelas parábolas, em especial a do filho pródigo. Afinal de contas, Pedro não era o tipo de homem que se sentava na sinagoga ou aos pés dos mestres e anotava e escutava. Ainda que a história chegasse a seus ouvidos, ele nunca teria referências para compreender o quão profundamente esta história de falha e redenção poderia se tornar a canção de sua vida.

Pedro começou sua vida como um pescador em Betsaida (João 1:44). Nataniel e Filipe, dois outros discípulos de Jesus, eram da mesma cidade, que fica às margens da Galileia Superior, e todos trabalhavam juntos. Os negócios de pesca de Pedro haviam obviamente prosperado, porque, à época em que somos apresentados a ele nos Evangelhos, ele havia se mudado para Cafarnaum, a principal cidade da Galileia, e tinha entrado em sociedade com Tiago e João, dois outros membros do grupo de doze.

Os arqueólogos escavaram o que eles acreditam ser o que restou da casa de Pedro em Cafarnaum, e sua propriedade era razoavelmente vasta.[2] Por algum motivo, sempre tive na mente a imagem de um homem simples, que partia para a pesca a cada dia com seus amigos, mas ficou claro que Pedro era um homem de negócios bem-sucedido que dirigia um império da pesca. Mas, um dia, se encontrou com um homem que mudaria tudo:

> Andando à beira do mar da Galileia, Jesus viu dois irmãos: Simão, chamado Pedro, e seu irmão André. Eles estavam lançando redes ao mar, pois eram pescadores. E disse Jesus: "Sigam-me, e eu os farei pescadores de homens." No mesmo instante eles deixaram as suas redes e o seguiram.
>
> MATEUS 4:18-20

O que Jesus tinha que persuadiu Pedro e André a largar o que estavam fazendo e seguirem com ele? Acredito que foram chamados à missão com Jesus e a sentiram profundamente. Tenho certeza de que, naquele estágio, não faziam ideia do que os dias seguintes trariam, sem mencionar as semanas e meses subsequentes, mas sentiram que recebiam o chamado de Deus e responderam a ele.

O papel do discípulo não era um papel desconhecido naquela época, havia uma descrição de tarefas bem clara. Naquela época uma pessoa não entraria em um seminário, mas se tornaria estudante de um rabino bem estabelecido. Vivera, literalmente, junto ao mestre e aprenderia ao escutar e fazer perguntas. O objetivo era que o discípulo se tornasse como o mestre. Jesus descreveu isso em Lucas 6:40: "O discípulo não está acima do seu mestre, mas todo aquele que for bem preparado será como o seu mestre."

Assim, o objetivo estava claro: não somente aprender com Jesus, mas se tornar como Jesus.

Assim, o objetivo [do discípulo] estava claro:
não somente aprender com Jesus,
mas se tornar como Jesus.

Parece evidente que os outros onze homens enxergavam em Pedro um líder. Sempre que ouvimos os discípulos, é a voz de Pedro a primeira a se pronunciar. Mesmo quando são os três homens que são os mais íntimos amigos de Cristo, Pedro sempre tem prevalência a Tiago e João. No entanto, é mais do que isso. Pedro obviamente desfrutava de uma relação especial com Cristo. Em uma ocasião, no começo de sua amizade, Jesus pediu a Pedro que levasse seu barco a águas profundas e lançasse suas redes. Pedro era um pescador experiente, que sabia como pescar à noite naquelas águas, mas, porque Jesus lhe havia pedido, ele o fez. Quando as redes começaram a se encher até a beira com peixes, sua resposta a Jesus foi lhe pedir que partisse: "Afasta-te de mim, Senhor, porque sou um homem pecador!" (Lucas 5:8).

Pedro poderia estar mais consciente de sua própria humanidade falha na presença da santidade de Cristo do que vimos supondo há eras? Certamente Pedro foi compelido pela perfeição de Cristo e por sua própria imperfeição. Por exemplo, lembra-se da noite em que os discípulos passaram em um barco, tentando atravessar o Mar da Galileia em meio a uma tempestade feroz?

Foi na noite seguinte à vez em que Cristo alimentou cinco mil homens. Exaustos por conta disso, e desolado pelas notícias da execução de João Batista, Jesus enviou seus discípulos, sem ele, enquanto se dirigia às colinas para ficar a sós com o Pai. Seus discípulos estavam com dificuldades para superar o vento que fustigava o mar. Cerca de três horas da manhã, notaram uma figura se aproximando deles, caminhando sobre a superfície d'água. Inicialmente, ficaram aterrorizados, mas Jesus os chamou, e se identificou.

Pedro é quem falou:

> "Senhor", disse Pedro, "se és tu, manda-me ir ao teu encontro por sobre as águas."
>
> "Venha", respondeu ele.

Então Pedro saiu do barco, andou sobre a água e foi na direção de Jesus. Mas, quando reparou no vento, ficou com medo e, começando a afundar, gritou: "Senhor, salva-me!"

MATEUS 14:28-30

Acho que Pedro ficou com uma certa má reputação. Falamos sobre sua falta de fé, mas ele foi o único disposto a sair do barco. O caráter de Pedro parece ter sido um pouco impetuoso, estridente vez por outra, mas ferozmente leal também. A dura realidade que Pedro teria de enfrentar é que seus modos não eram os modos de Deus, e a graça de Deus é aperfeiçoada em nossa fraqueza, não no que percebemos como nossos pontos fortes.

Esta é uma das maiores ironias de nossa fé: o momento em que percebemos que não temos nada a dar a Cristo e caímos ao chão, é o momento em que recebemos a dádiva que havíamos esperado tanto. Esta dádiva é nosso coração — não nossas ideias, habilidades ou preferências. Somente nós mesmos.

Esta é uma das maiores ironias de nossa fé: o momento em que percebemos que não temos nada a dar a Cristo e caímos ao chão é o momento em que recebemos a dádiva que havíamos tanto esperado.

No entanto, algumas vezes é preciso que o fracasso de tudo em que acreditamos nos leve a Cristo para que nos traga à verdade. Algumas vezes isso significa chegar à mesa de mãos vazias e entrar no verdadeiro coração de Cristo.

Uma última refeição

Quando os discípulos se reuniram com Jesus para celebrar o banquete de Páscoa, se sentaram em torno da mesa, comendo juntos. O Evangelho de Lucas nos diz que Jesus se dirigiu a Pedro:

> "Simão, Simão, Satanás pediu vocês para peneirá-los como trigo. Mas eu orei por você, para que a sua fé não desfaleça. E quando você se converter, fortaleça os seus irmãos." Mas ele respondeu: "Estou pronto para ir contigo para a prisão e para a morte." Respondeu Jesus: "Eu lhe digo, Pedro, que antes que o galo cante hoje, três vezes você negará que me conhece."
>
> Lucas 22:31-34

Que passagem estranha. Há alguns mistérios da fé cujos significados seguem ocultos para nós. Por que a Satanás seria permitido açoitar os seguidores de Cristo? O que há nesse processo de dor, fracasso, decepção e desilusão que, nas mãos de Deus, se torna pano de engraxar para nossos corações empoeirados?

Contei recentemente a uma amiga que estava escrevendo a respeito de Pedro e de como ele, por meio de sua falha, descobriu a beleza da graça. Ela me escreveu de volta: "Bem, eu odeio isso! Por que tem de ser sempre tão difícil?"

Sorri quando li sua resposta.

Eu a compreendo, você não? No fim, Pedro certamente compreendeu também, e as palavras de Cristo ditas na última ceia provavelmente voltaram a sua mente — talvez com remorso no começo, mas então com um amor penetrante.

É na última ceia que Jesus diz a Pedro: "Satanás pediu vocês para peneirá-los como trigo" (Lucas 22:31). É interessante notar que ele disse "peneirá-los", no plural. Cristo está dizendo a Pedro que Satanás o havia pedido para peneirar a todos (os discípulos), mas em seguida Jesus diz que havia orado para Pedro — "você" — no singular.

Que dádiva para Pedro que Jesus tivesse orado por ele, não por acerditar que ele não falharia, mas sim sabendo que ele *iria* falhar e que ele, nosso Criador, estava orando para quando Pedro voltasse e pudesse fortalecer os outros. Pedro jamais irá compreender a graça até ter sido mordido amargamente pelo fracasso, mas esse mesmo fracasso será o caminho que o levará a encontrar sua força e abrigo em Cristo.

Consegue ver a maravilha nisso? O senhor está deixando claro para Pedro que sua falha não o desqualificará como o líder que Cristo sabe que ele será, e que ele, o próprio senhor, está orando para Pedro!

Olhando para trás é fácil ver isso como uma dádiva, mas não para Pedro, que estava no meio deste drama que estava para se desenrolar de modo brutal, fora de seu controle. Quando Jesus contou a Pedro que, antes que o galo cantasse, ele o negaria, Pedro estava convicto de que preferiria ir para a prisão ou para a morte a abandonar Cristo.

Acredito que Pedro tenha pensado nisso do fundo de seu coração, mas ele estava para descobrir que, apesar de seu espírito estar disposto, sua carne era fraca, e que os modos de Deus não são nossos modos.

Não fique parado como um cordeiro

Quando Jesus e os discípulos deixaram a sala após a ceia, caminharam até o Monte das Oliveiras. Quando chegaram ao jardim, Jesus levou Pedro, Tiago e João consigo para um lugar mais afastado, para orar. Os discípulos tentaram se manter acordados com Jesus, mas o sono os sobrepujou. Talvez a ceia, o vinho ou somente a exaustão dos últimos dias os tenha derrubado, mas, mesmo querendo permanecer com Jesus, eles não podiam evitar.

É aí que o caos irrompe. Uma multidão se apressa para o jardim: soldados, oficiais dos altos sacerdotes, fariseus. Todos estão brandindo tochas, lampiões e aramas que clareiam a noite. Pedro põe-se de pé, tirando sua espada da bainha. Está fazendo de tudo para permanecer com Cristo, não importa que isso signifique perder sua vida naquela noite.

Então, quando Jesus lhe fala para guardar a espada, Pedro fica atônito. Jesus havia previsto, poucas horas antes, que Pedro o negaria, e ainda assim aqui está Pedro, pronto para lutar por seu mestre. *O que está errado com Jesus? Por que ele não está lutando, e por que está me impedindo de defendê-lo?*

Pedro deve ter se sentido confuso. Você quase pode escutar seu pensamento. *Senhor, eu lutarei por ti, mas não espere que eu fique parado como um cordeiro para receber o golpe!*

Portanto, quando os romanos tomam Jesus preso e o levam embora, Pedro os segue a distância. O mal está no ar, o ódio e as forças das sombras. Quando Pedro é encontrado no pátio dos altos sacerdotes, ele é reconhecido — não uma vez nem duas, mas três vezes. A cada vez, ele nega conhecer o prisioneiro.

Quando vai chegando a alvorada, um galo canta e tudo o que importa para Pedro, tudo o que ele pensava ter trazido à mesa, é despedaçado pela luz da manhã.

A promessa em meio à bagunça

Não sabemos o que se passou com Pedro nas horas entre suas negações e o momento em que soube que, após a crucificação, a sepultura estava vazia. Ele e os outros discípulos devem ter se sentido arrasados e solitários. Se você constrói toda sua vida como um homem forte, um homem de palavra, um líder e, quando é mais necessário, você fracassa — para onde você vai?

Se você levou a herança de seu pai, partiu seu coração, gastou tudo o que tinha e terminou alimentando os porcos — para onde você vai?

Pedro lhe responderia, o filho pródigo lhe responderia, Maria o impeliria: dirija seu coração para o lar, para Deus, para sua promessa de que ele o cobriu com sua suntuosa e imerecida graça. Seu poder foi tornado perfeito por sua fraqueza. Reconhecemos nossa necessidade de abrigo quando estamos expostos e vulneráveis.

Veja o que acontece, então.

É bem cedo na manhã seguinte ao Sabá, após o assassinato de Jesus, e Maria Madalena, Maria, a mãe de Tiago, e Salomé vêm à sepultura para untar o corpo de Cristo.

Mas a sepultura está vazia. O corpo de Jesus foi-se embora. Há um anjo presente, e ele é aterrorizante, mas tem uma mensagem. Primeiro, ele acalma as mulheres. "Não tenham medo", diz (Marcos 16:6,7). Mas elas estão alarmadas. E chocadas, porque o anjo lhes diz que Cristo havia se erguido e que está indo adiante delas para a Galileia. O anjo diz:

"Ele ressuscitou! Não está aqui. Vejam o lugar onde o haviam posto. Vão e digam aos discípulos dele e a Pedro: 'Ele está indo adiante de vocês para a Galileia. Lá vocês o verão, como ele lhes disse'."

E Pedro

Você consegue ouvir aqui a graça ser despejada sobre duas palavrinhas, palavras que significarão tudo para o discípulo de cabeça quente que sente que estragou tudo? Você escuta o mensageiro de Deus deixando claro: *Certifiquem-se de que aquele que acha que falhou saberá que Jesus está esperando por ele.*

A promessa que era para Pedro e Maria, e para o filho pródigo, é para você também: "Minha graça é suficiente para você, pois o meu poder se aperfeiçoa na fraqueza" (2 Coríntios 12:9).

Quando Paulo escreveu, "minha graça é suficiente", escreveu no tempo presente. Está dizendo agora mesmo, nesse exato momento, que não importa o que você estiver enfrentando — a graça de Deus é suficiente. Ao contrário de seus oponentes, que queriam ver milagres como um sinal de que Deus estava com Paulo, ele virou esse conceito de trás para frente e disse: "não, é em minha fraqueza que Deus brilha, e sua força me mantém."

É muito tentador ansiar por milagres e por grande poder em nossa caminhada cristã para mostrar que Deus está conosco e nos ama, mas o reino de Deus não é nenhum espetáculo circense. Pelo contrário, Deus é glorificado na nossa fraqueza quando nos apoiamos em sua força.

Você sente que falhou, que está esgotado, incapaz de ser salvo ou amado? Então junte-se a nós que, quando esperávamos ser colocados em nosso lugar, em vez disso encontramos um manto sobre nossos ombros, um anel em nosso dedo e uma festa dada para comemorar que um coração que se sentiu perdido foi reencontrado. Esta é a maneira gloriosa, ultrajante, do Reino de Deus que nos chama a ter outro olhar no espelho depois de ter caído e fracassado. Trouxemos tudo o que tínhamos, e isso não só foi suficiente, como nos fez tropeçar e correr para a noite nos sentindo abandonados e sozinhos.

Mas, se você prestar atenção por um momento, ouvirá a música que atravessa a nossa vergonha e nos chama para a festa, para que todos os que são fracos encontrem sua força somente em Deus. A graça não nos diz que nossas escolhas ruins ou falhas não importam, muito pelo contrário. A graça nos mostra que as nossas falhas expõem quem realmente somos, e mesmo que estejamos prontos para nos considerarmos fora, o abrigo da cruz joga sua sombra sobre nossos corações magoados e nos acolhe.

7

Esperança

Estou em pedaços

A PROMESSA

Deus mesmo disse: "Nunca o deixarei, nunca o abandonarei." Podemos, pois, dizer com confiança: "O Senhor é o meu ajudador, não temerei. O que me podem fazer os homens?"

HEBREUS 13:5,6

Quando eu tinha dezesseis anos, acreditava que meu chamado na vida era para ser missionária e voltar para casa com histórias sobre as coisas fantásticas que Deus estava realizando em lugares remotos e desconhecidos. Essa busca fora inspirada desde cedo pela Sociedade Missionária Batista (SMB), e um cofrinho verde com a forma de um globo ficava sobre o *bureau* de nossa sala de estar. A cada semana, mamãe acrescentava algumas moedas ao cofrinho e, quando ele ficava cheio, ela o enviava à SMB. Ela trabalhou por um tempo como secretária missionária em nossa igreja, e eu amava escutar suas histórias sobre o que acontecia além dos mares. Acho que, acima de tudo, eu queria levar alguma esperança a lugares onde a esperança parecia escassa. Quando você passa por algum tipo de tragédia na infância (como eu, com a perda de meu pai), as angústias de seu coração podem ser aplacadas quando você tenta ajudar àqueles que atravessaram ou estão atravessando lugares sombrios.

Eu amava saber que, enquanto família, estávamos envolvidos no auxílio a outras pessoas no exterior, mas havia uma coisa que não fazia sentido algum para mim. Regularmente tricotávamos quadrados de lã na igreja para fazer cobertores para mandar para a África. Mas, até onde eu podia ver, em especiais na televisão ou na revista *National Geographic,* fazia calor na África. Por que estávamos tricotando cobertores para as crianças de lá? E por que éramos estimulados pelo escritório central da SMB, em Glasgow, na Escócia, a usar cores brilhantes, em tons primários? Afinal, de quem foi a ideia de que as crianças africanas gostavam de listras? Nunca tive respostas a essas perguntas, e prosseguimos produzindo quadrados de lã nas combinações de cores mais esdrúxulas possíveis. Não conseguia ver nenhuma criança africana que se desse ao respeito querendo se embrulhar naqueles cobertores de cores berrantes. Ainda assim, continuávamos tricotando como se o futuro do evangelismo mundial dependesse daquilo.

O que eu realmente amava era quando, vez por outra, um missionário voltava para casa, de licença, e ficava por algumas semanas. Amava suas visitas e tinha uma visão romântica de suas vidas, tanto lá quanto aqui. É claro, eu sabia que as licenças não eram exatamente férias, já que os missionários tinham de passar a maior parte de seu tempo viajando de igreja em igreja, contando histórias de suas experiências e obtendo apoio financeiro antes de voltar a campo. Mas amava as histórias e os *slides* que mostravam os missionários trabalhando com as pessoas para lhes trazer auxílio e esperança. Algumas vezes, no entanto, eles encontravam um pouco mais do que esperávamos.

Entretanto, uma história de um missionário e um *slide* em particular, se destacam em minha mente. Primeiramente, é preciso saber que nossa igreja tinha uma caixa para donativos de roupas para qualquer um que tivesse necessidade. Algumas dessas roupas eram enviadas para nossos missionários na África. Isto era um grande presente para mim. Uma pessoa poderia colocar ali qualquer item que sua mãe quisesse que ela vestisse, e que ela detestava. Da maneira como eu via, era como jogar escravos de jó, só que com roupas, porque eu tinha uma jaqueta-cardigã-bolero bufenta e branca, que eu detestava, mas que minha mãe insistia para que eu usasse. A jaqueta tinha custado caro, ela dizia, então eu deveria era estar grata. Achando difícil demonstrar gratidão, decidi, em vez disso, doar o bolero a alguma criança pobre e indiferente na África. Se as crianças de lá gostavam daqueles cobertores listrados que estávamos fazendo, amariam aquela jaqueta. Eu a enfiei na caixa, bem escondida, e me esqueci daquilo.

Quando essa missionária em particular visitou nossa igreja, conversou um pouco sobre as pessoas e sobre seu trabalho nos vilarejos. Então exibiu alguns *slides* das crianças. Nunca vou esquecer do choque que foi para mim quando apareceu na tela uma foto de uma menininha vestindo nada além daquela jaqueta bolero.

"Um milagre!", declarei depois de uns instantes.

Minha mãe não ficou tão convencida.

Boleros bufantes e cobertores de cores extravagantes à parte, o fato era que eu romantizava a ideia da vida de missionária. E, assim como qualquer idealização da vida, minha imagem infantil do trabalho de campo não estava nem perto da realidade.

A promessa de sua presença

Não é assim que funciona a vida? Você tem lindas visões do que poderia ser e expectativas de como as coisas devem andar. E então a vida fica difícil. As perdas ameaçam destituí-lo da esperança, no lugar de cobri-lo com mais fé. As pessoas o abandonam, quando você achava que elas iram trazer-lhe presentes e boas notícias. O sofrimento toma assento, segura firmemente sua mão, e mostra sua vida em *slides,* e você é deixado na sombra, se sentindo mais sozinho do que nunca.

De que forma a promessa de Deus de nunca nos abandonar ou deixar — de ser nosso ajudador — encaixa-se nisso tudo? Será que sua promessa é tão relevante quanto outro cobertor listrado de lã enviado para um país calorento?

Acredite em mim, eu já me fiz essa pergunta. Até mesmo agora um dos meus maiores desafios em compartilhar minha fé é um compromisso apaixonado em dizer a verdade sobre as promessas de Deus, mas também sobre o quão difícil a vida pode ser e como é difícil, às vezes, acreditar. A cada dia, muitos de nós lutamos contra esses sentimentos contraditórios:

Sei que Jesus é o caminho, mas estou perdido.
Sei que ele é a cura, mas estou batalhando contra uma enfermidade.
Sei que todas as coisas operam em conjunto para aqueles que amam Deus e que são convocados a seu propósito, mas não consigo enxergar como algumas coisas poderiam ser assim.
Sei que Cristo promete paz, mas estou ansioso e irrequieto.

Nossas experiências com dor, luta, problemas e dificuldades não diminuem em nada as promessas de Deus. Nem nós, por outro lado, temos de reforçar essas promessas. Isso é importante porque muitas vezes em círculos evangélicos parece que somos obrigados a agir como se fôssemos relações públicas de Deus. Estamos confrontados com uma realidade dura, e a promessa de Deus de nos ajudar, de nunca nos abandonar, de repente parece falsa. Mesmo assim, fingimos o contrário. Sorrimos e dizemos que está tudo bem. Nós defendemos que as promessas são verdadeiras, quando, em nossos corações, estamos raivosos e confusos, magoados e nos sentindo mais sozinhos do que nunca, pois como poderíamos pensar tais coisas? Como poderíamos sentir desse jeito?

A verdade é que Deus não quer que finjamos nossa fé nem que sirvamos suas promessas à meia boca. Não, ele nos convoca para viver com questões revestidas de confiança. Ou, como meu amigo Randy Elrod diz: Deus quer que sejamos "incansáveis na jornada e confiantes no destino."[1]

A verdade é que Deus não quer que finjamos nossa fé nem que sirvamos suas promessas à meia boca.

Este é o retrato de um verdadeiro filho de Deus, ainda que na sua vizinhança ou no exterior. A Dra. Helen Roseveare me mostrou isso.

Nas circunstâncias mais dificeis, no mais avassalador dos eventos, a vida de Helen mostra que a promessa de Deus de conforto e esperança é real e verdadeira. Helen, nascida na Inglaterra em 1925, teve uma educação esmerada, estudando em Cambridge, quando se tornou cristã. Sua família frequentava a igreja quando ela era criança, mas ela credita àqueles que encontrou na União Cristã, na faculdade, a ajuda que a levou a compreender o Evangelho pela primeira vez. Apaixonou-se pela ideia de se tornar missionária e, assim, se concentrou em terminar sua faculdade de medicina para usar suas habilidades e seu conhecimento ajudando àqueles mais carentes. Com 28 anos, partiu para o então Congo Belga (conhecido hoje como República Democrática do Congo) com a *Worldwide Evangelical Crusade* [Cruzada Evangélica Mundial], (WEC).

No entanto, o horizonte cor-de-rosa que Helen visualizara se tornou rapidamente sombrio. Em seu livro *Give me this Mountain* [Dê-me esta montanha], ela conta sobre a resistência imediata a seus esforços para treinar os locais em cuidados de saúde, e como os homens no posto da missão fracassaram em tratar-lhe, jovem, mulher e solteira, com um mínimo de respeito. Isso levou a um bocado de frustração e também à raiva.[2] Essas coisas, no entanto, seriam as menores de suas preocupações, já que nenhum treinamento ou programa linguístico a teriam preparado para o que ela enfrentaria, um dia, em 1964:

> "Era sábado de tarde", recorda-se Roseveare. "Um caminhão dirigiu-se até o vilarejo onde eu morava, e eu podia ouvir, de casa, as vozes ríspidas dos que gritavam. E então dois homens invadiram minha casa. Essa foi a primeira indicação que eu tive de que havia uma guerra. [Os homens] inspecionaram tudo e destruíram boa parte dos meus pertences, e então me dei conta de suas más intenções. Tentei correr e me esconder, e eles vieram com lanternas poderosas, e me encontraram. Golpearam-me, espancaram-me. Perdi meus dentes molares para a bota de um soldado rebelde aquela noite. Quebraram meus óculos. Não consigo focalizar em nada se não os estiver usan-

do. Isso foi assustador. Quando você consegue vê-los, pelo menos pode colocar os braços para cima para receber a pancada. Quando você não pode vê-los, fica tão indefesa". Ao longo da noite, Roseveare foi violada pelos perpetradores. "Não acho que estivesse orando; estava entorpecida de horror, nojo, medo. Se eu tivesse orado, talvez tivesse orado: 'Meu Deus, meu Deus, porque me abandonaste?' Eu achava que ele havia me deixado. Não duvidei de Deus. Eu nunca duvidei de Deus. Mas senti, por um momento, que ele havia me deixado lidar com a situação sozinha."[3]

Você já esteve em um lugar parecido? Já atravessou uma situação tão dolorosa e solitária que parecia que estava por conta própria? Talvez vocês tenham uma criança com uma enfermidade crônica e, a cada corrida apressada para a sala de emergência médica, você se pergunta se Deus está lá ou se você tem de se virar sozinho. Ou você está lutando para manter seu casamento à tona, fazendo tudo o que pode, mas não parece que Deus esteja fazendo muita coisa para te apoiar.

Muitos homens e mulheres nas Escrituras se sentiram assim.

- Gideão se perguntou, "se o Senhor está conosco, por que aconteceu tudo isso? Onde estão todas as suas maravilhas que os nossos pais nos contam quando dizem: 'Não foi o Senhor que nos tirou do Egito?' Mas agora o Senhor nos abandonou e nos entregou nas mãos de Midiã" (Juízes 6:13).
- Jó gritou: "Por que não morri ao nascer, e não pereci quando saí do ventre?" (Jó 3:11).
- Davi clamou: "Senhor, por que estás tão longe? Por que te escondes em tempos de angústia?" (Salmo 10:1) e, "Meu Deus! Meu Deus! Por que me abandonaste? Por que estás tão longe de salvar-me, tão longe

dos meus gritos de angústia? Meu Deus! Eu clamo de dia, mas não respondes; de noite, e não recebo alívio!" (Salmo 22:1,2).

- Até mesmo Cristo, na cruz, bradou em dor, ecoando parte do Salmo 22, "Eloi, Eloi, lama sabachtani? — que significa 'Deus, meu Deus, porque me abandonaste?" (Marcos 15:34).

A experiência de atravessar uma noite sombria é um vínculo em comum para aqueles que amam a Deus. O elemento de redenção nessa batalha é a habilidade de se voltar para aqueles que estão vindo atrás de você e fazer com que eles saibam que não estão sozinhos. Há um consolo que só aquele que atravessou a noite e alcançou a alvorada pode trazer àqueles que ainda estão nas trevas.

Assim aconteceu com a doutora Helen Roseveare, que foi mantida prisioneira pelas forças rebeldes por cinco meses com outros missionários. Ela era uma tal portadora de luz quando escreveu como Deus usou seu estupro brutal para trazer conforto às outras missionárias solteiras. Algumas dessas mulheres temiam, já que haviam perdido sua virgindade por meio do estupro, que tivessem também perdido a salvação. Helen sabia que não era assim. Sabia que até mesmo no estupro, sua relação com Deus não havia sofrido danos. Ela não havia fracassado perante Deus de maneira alguma. Para aquelas mulheres que sofreram, as palavras de Helen só tiveram tanto peso porque ela também havia passado por tudo aquilo.

O consolo que ela deu às outras, a partir de sua própria dor e trauma, me faz pensar em uma das minhas passagens favoritas das Escrituras.

Bendito seja o Deus e Pai de nosso Senhor Jesus Cristo, Pai das misericórdias e Deus de toda consolação, que nos consola em todas as nossas tribulações, para que, com a consolação que recebemos de Deus, possamos consolar os que estão passando por tribulações. Pois assim como os sofrimentos de Cristo transbordam sobre nós, também por meio de Cristo transborda a nossa consolação. Se somos atribulados, é para consolação e salvação de vocês; se somos consolados, é para consolação de vocês, a qual lhes dá paciência para suportarem os mesmos sofrimentos que nós estamos padecendo. E a nossa esperança em relação a vocês está firme, porque sabemos que, da mesma forma como vocês participam dos nossos sofrimentos, participam também da nossa consolação.

2 Coríntios 1:3-7

O sofrimento e o consolo, afinal de contas, são companheiros que andam de mãos dadas. O consolo paira à espera do sofrimento, e o sofrimento demanda que o consolo esteja presente. Para nós, Deus já cobriu tudo: ele é o Deus que sofre conosco, com uma das mãos abraçando o sofrimento, e ele é o Deus que nos traz consolo, com a outra mão tendo cuidado e compreensão a si próprio.

Essa ideia modificou minha compreensão das promessas de Cristo. Fomos prometidos por Deus: "Nunca o deixarei, nunca o abandonarei" (Hebreus 13:5). As Escrituras não dizem que jamais sofreremos, mas que jamais estaremos sozinhos nesse sofrimento. Podemos dizer com segurança então que: "O Senhor é o meu ajudador, não temerei" (Hebreus 13:6).

Minha amiga Evelyn Husband me contou como isso ficou mais claro para ela depois que seu marido morreu. Rick era o comandante do ônibus espacial *Columbia*, que explodiu na reentrada da atmosfera terrestre, em fevereiro de 2003.

Evelyn me falou que, ainda que amasse o Salmo 23 desde criança, nunca havia compreendido plenamente o versículo 4: "Mesmo quando eu andar por um vale de trevas e morte, não temerei perigo algum, pois tu estás comigo; a tua vara e o teu cajado me protegem."

No serviço fúnebre de Rick, esse Salmo foi lido, e alguém observou que, se é para existir uma sombra, é porque há uma luz. Cristo, que, em João 1:1, diz que é a Luz do Mundo, entrou nas sombras, para que não tivéssemos de fazê-lo nós mesmos. Ele vivenciou as trevas por nós para que nunca tivéssemos de fazê-lo sozinhos.

As promessas de Deus são muito maiores que nossos sentimentos. São firmes e certas, o tipo da coisa que você pode encerrar em seu coração, nos momentos mais turbulentos de sua vida. A doutora Helen Roseveare nos mostra que, mesmo quando você não está sentindo a presença de Deus, pode ter certeza de que ele está lá e encontrar seu consolo e esperança. Outra mulher que caminhou com Jesus lutou contra o que parecia ser uma ausência de Deus. Ela lutava para encontrar consolo quando ele transformou sua vida e em seguida desapareceu, mesmo quando ela se recusou a deixá-lo. Mas ela é uma mulher que aprendeu que Deus está lá mesmo quando você não pode sentir sua presença e, algumas vezes, quando você menos espera, porém mais necessita. Acreditar pode significar ver.

Procurando por esperança

Se houve uma mulher que precisou da presença de Deus e do consolo de Cristo, essa foi Maria Madalena. Bem, há alguma confusão sobre qual Maria era Maria de Magdala. Alguns leitores da Bíblia sugerem que ela era a pecadora que lavou os pés de Jesus e os secou com seus cabelos quando ele se reclinou na casa de Simão, o Fariseu (Lucas 7:36-50). Mas as Escrituras não dão apoio a essa noção.[4] Outros leitores da Bíblia dizem que Maria é a mulher flagrada em adultério em João 8, mas não há nada no cânone bíblico que sustente essa teoria, ou a de que ela seria uma prostituta.

O que ficamos sabendo, quando ela surge pela primeira vez no Evangelho de Lucas (Lucas 8:1-3), é que Maria Madalena era uma alma atormentada. Está viajando com Jesus, os discípulos e outras mulheres a quem Cristo havia tocado, após ser curada de muitos demônios. Fora possuída não por um, mas por sete demônios, quando encontrou Jesus em algum ponto do Mar da Galileia. Sabemos que ela vem de uma nobre família e que sua cidade natal é Magdala, na costa noroeste do Mar da Galileia. Mas não sabemos detalhes de sua cura ou de seu encontro face a face com Jesus, apenas que ele baniu os poderes das trevas de sua vida:

> Depois disso, Jesus ia passando pelas cidades e povoados proclamando as boas-novas do Reino de Deus. Os Doze estavam com ele, e também algumas mulheres que haviam sido curadas de espíritos malignos e doenças: Maria, chamada Madalena, de quem haviam saído sete demônios; Joana, mulher de Cuza, administrador da casa de Herodes; Susana e muitas outras. Essas mulheres ajudavam a sustentá-los com os seus bens.
>
> LUCAS 8:1-3

E talvez isso tenha sido o suficiente: ser trazido de uma vida tão sombria em direção à luz e à paz. Será que isso não mudaria tudo, não faria com que desejássemos permanecer na fonte dessa luz, caçá-la, habitá-la pelo resto dos dias?

Talvez seja por isso que está indicado que a família abonada de Maria estivesse subscrevendo o ministério de Jesus. Com suas moedas e riquezas, eles afirmam o consolo e a esperança que Cristo traz.

Tenho certeza de que, para Maria e as outras mulheres que apoiavam financeiramente o trabalho de Cristo, o que elas ganhavam não tinha comparação com o que elas davam.

Quando o céu invade seu inferno, ganha a aliança de seu coração.

Quando o céu invade seu inferno, ganha a aliança de seu coração.

Essa verdade deve ter sido o que atraiu Maria à cruz. Não voltamos a vê-la nos Evangelhos até a crucificação, o enterro e a ressurreição de Cristo — e ela não somente está lá, mas é figura proeminente no relato. Próxima à cruz de Jesus, Maria posta-se com sua mãe, a irmã de sua mãe e Maria, a mulher de Clopas (João 19:25).

Não sou uma feminista, mas acho notável e interessante que as únicas que jamais abandonaram Jesus durante aquelas cenas de assassinato foram as mulheres. Talvez soubessem que não corriam tanto risco em relação às autoridades judaicas, que ignorariam sua presença, já que não passavam de mulheres. Qualquer que fosse a razão, elas estavam lá, e sempre me perguntei o que o brado de Cristo: "Deus, meu Deus, porque me abandonaste?" representava para elas, em particular para Maria Madalena.

Jesus fez sete declarações na cruz, três delas antes que uma estranha escuridão cobrisse a Terra no meio do dia. Quando a escuridão caiu, fez-se silêncio. Cristo, que não havia conhecido o pecado, tornou-se o pecado por nós (2 Coríntios 5:21). Foi abandonado sozinho, já que até seu Pai o deixou. Dos sete gritos vindos da cruz, o quarto foi o mais apaixonado e desolador. Cristo citou o Salmo 22 quando sozinho levava todos os pecados do mundo. Mesmo em nossos momentos mais sombrios nunca vamos compreender a profundidade de tudo o que Cristo suportou para que nunca tivéssemos de passar por isso sozinhos. Ele gritou pedindo consolo, mas não veio consolo algum. Ainda assim, em meio a essa indizível tortura espiritual, o grito foi pessoal: "Deus, meu Deus." Maria Madalena ouviu tudo.

Quero dizer, *ela estava lá*. Permaneceu ao lado de Jesus ao longo da perseguição e na cruz. Seguiu seu corpo à sepultura e mesmo lá permaneceu. Ela havia visto consolo e sentido esperança e ambos residiam nos olhos de Jesus. Dessa forma, certamente, quando Jesus pronunciou aquele grito lancinante da cruz, ninguém compreenderia aquela desilusão mais que Maria. Enquanto o via debater-se e definhar na dor, seu grito tinha de ser como um punhal em seu coração.

E o giro, a última estocada? Quando ele gritou: "Está consumado."

Terminou quando Deus diz que terminou

As autoridades judaicas que haviam engendrado para que Cristo fosse crucificado agora pretendiam garantir que todos os rumores morressem com Jesus. Ao designar um oficial militar para guardar o local onde o corpo lanhado de Cristo fora sepultado, o poderoso Sinédrio judaico mantinha uma vigilância 24 horas no local do sepultamento. Com medo de que os discípulos removessem o corpo, e assim dessem credibilidade aos comentários de Jesus sobre a crucificação, o Conselho Judaico tomou todos os cuidados, desde o primeiro momento do enterro de Jesus, para garantir que o local de sepultamento permanecesse seguro e selado.

Mas lemos no Evangelho de Mateus que um tremor de terra fez a tumba se abrir, e os soldados sonolentos foram deparados com a inimaginável realidade de que o corpo de Jesus estava desaparecido.

> Depois do sábado, tendo começado o primeiro dia da semana, Maria Madalena e a outra Maria foram ver o sepulcro. E eis que sobreveio um grande terremoto, pois um anjo do Senhor desceu do céu e, chegando ao sepulcro, rolou a pedra da entrada e assentou-se sobre ela. Sua aparência era como um relâmpago, e suas vestes eram brancas como a neve. Os guardas tremeram de medo e ficaram como mortos.
>
> MATEUS 28:2–4

Os guardas desmaiaram de horror, o que veio bem a calhar, porque aquele momento não lhes dizia respeito. Esse momento havia sido planejado para Maria, antes mesmo que ela tivesse nascido.

A noite se tornou manhã e, então, logo antes do raiar do terceiro dia, Maria correu para a tumba para untar o corpo de Cristo. Ele havia sido sepultado rapidamente, para chegar a um local de descanso antes do pôr do sol no Sabá, e agora Maria queria tomar cuidado, de acordo com o costume:

> No primeiro dia da semana, bem cedo, estando ainda escuro, Maria Madalena chegou ao sepulcro e viu que a pedra da entrada tinha

> sido removida. Então correu ao encontro de Simão Pedro e do outro discípulo, aquele a quem Jesus amava, e disse: "Tiraram o Senhor do sepulcro, e não sabemos onde o colocaram!"
>
> João 20:1,2

Maria estava horrorizada e contou a Pedro e João que alguém havia levado embora o corpo de Cristo. Ela presumira que deveriam ter sido seus inimigos. Quando Pedro e João olharam para dentro da tumba, viram que ela estava vazia e que os panos de sepultamento estavam embrulhados e depositados. Acreditaram e foram para casa, dizem as Escrituras (João 20:8-10).

Maria não.

Ela chorou e se vergou para ver a tumba e viu dois anjos de branco, sentados onde estivera o corpo de Jesus. Um anjo estava na parte de cima, o outro na parte de baixo. Perguntaram a ela: "mulher, por que choras?"

> Eles lhe perguntaram: "Mulher, por que você está chorando?" "Levaram embora o meu Senhor", respondeu ela, "e não sei onde o puseram". Nisso, ela se voltou e viu Jesus ali, em pé, mas não o reconheceu. Disse ele: "Mulher, por que está chorando? Quem você está procurando?" Pensando que fosse o jardineiro, ela disse: "Se o senhor o levou embora, diga-me onde o colocou, e eu o levarei." Jesus lhe disse: "Maria!" Então, voltando-se para ele, Maria exclamou em aramaico: "Rabôni!" (que significa Mestre).
>
> João 20:13-16

Não há nada mais bonito que seu nome nos lábios de quem você ama. E ainda mais quando é Jesus que pronuncia seu nome quando você pensou que o havia perdido para sempre. Todos eles acharam. Pedro, Tiago, João — haviam deixado tudo para trás para seguir Jesus, e, tão rápido quanto ele entrara em suas vidas e as alterara para sempre, ele partiu. Como é que poderiam voltar a suas ocupações anteriores se Jesus havia transformado tudo o que costumava significar alguma coisa em nada? Mas só a uma pessoa seria concedida a dádiva de ouvir sua voz pela primeira vez desde a brutal execução. Quão gracioso da parte de Jesus guardar esse momento para Maria, a primeira, entre homens, mulheres e crianças, a ver seu corpo ressurrecto. Maria, que havia sido atormentada pelos demônios do inferno, receberia uma dádiva de não apenas acreditar, mas ver o Cristo vitorioso.

O sofrimento e o consolo caminham de fato de mãos dadas, e tendo ido ao inferno e voltado, Cristo e Maria compartilham esse momento lindo — o tipo de momento que Cristo anseia para compartilhar com cada um de nós. Ele havia derrotado as trevas de uma vez por todas, e ele permitiu àquela que havia estado lá também celebrar o momento com ele primeiramente.

Então nos apegamos a essa promessa que Deus nos deu: ele nunca nos abandonará, nunca nos esquecerá. Cristo absorveu todo o abandono da morte para que nunca precisemos ficar sozinhos. Mesmo na noite mais tenebrosa, ele estará lá. Cristo traz a vida da morte. Nada do que você está enfrentando é tratado levianamente por seu Pai. Ele usará isso para trazer consolo e cura a outro coração partido. Você pode ter certeza quando diz: "não terei medo porque o Senhor é meu ajudador." Por várias vezes seguidas escutei a mesma coisa de mulheres que haviam atravessado momentos devastadores: "eu jamais teria me voluntariado para isso, mas conheço Cristo agora em uma profundidade e uma proximidade que eu nem sabia que era possível." A esperança que Cristo promete tornar-se mais real por conta das provações.

Apegamo-nos a essa promessa que Deus nos deu: ele nunca nos abandonará, nunca nos esquecerá.

Pergunte à doutora Helen Roseveare. Pergunte a Maria Madalena. Você poderia certamente me perguntar, e eu lhe diria: ele é a luz, a glória de Deus. Ele é a graça, a espantosa dádiva. Ele é a fenda na rocha à qual você pode se recolher quando estiver em pedaços ou exausto. Você encontrará compreensão em seu abrigo e esperança em sua presença, porque ele vai juntar os braços dele aos seus. Ele vai acomodar seu coração combalido em suas mãos com as cicatrizes dos pregos. Ele estará lá, sempre, e será o infinito consolo e esperança.

8

Força

Sinto como se as coisas estivessem me soterrando

A Promessa

Eu lhes disse essas coisas para que em mim vocês tenham paz. Neste mundo vocês terão aflições; contudo, tenham ânimo! Eu venci o mundo.

João 16:33

Na primeira vez que me encontrei com Joni Eareckson Tada (ela era só Joni Eareckson na época) foi em 1983, em um festival cristão na Holanda. Aparentemente, éramos bem diferentes. Joni estava em uma cadeira de rodas, pois quebrara seu pescoço em um acidente de mergulho quando era adolescente. Mas havia muito mais: Joni tinha uma aparência elegante e graciosa em uma adorável blusa de seda, calças de alfaiate e um cachecol de seda, com seu cabelo louro disposto de uma forma belíssima ao redor de seu rosto. Eu vestia jeans e uma jaqueta de couro, e meu cabelo era curto, preto, roxo e pontudo. Nós duas parecíamos como se o grêmio estudantil encontrasse os roqueiros.

No entanto, as diferenças na aparência não importaram quando nos vimos frente a frente e conversamos um pouco. Soube então que seríamos amigas. Podíamos ter uma aparência externa totalmente diferente, mas víamos as coisas que importam para nós da mesma maneira. Não sei se você já teve o prazer de conhecer Joni ou de ler algum de seus livros, mas há uma gentil e forte elegância dentro dela. Ela sorri bastante e adora cantar, o que fez naquele festival na Holanda. Compartilhávamos o amor pelas mesmas coisas, e criamos o hábito de nos encontrar frequentemente durante os anos seguintes em conferências e convenções, tentando aproveitar cada momento para pôr a conversa em dia e saber da vida de uma e de outra.

Com o passar dos anos, sempre me perguntei como seria a vida cotidiana de Joni, o quanto ela sofria em silêncio. Ao ver seu cálido sorriso e sua aparência bem cuidada, você poderia até achar que esse espírito transitava facilmente, mas Joni é desabrigadamente honesta em nos contar que não é assim. Ela descreve um encontro que teve com um grupo de mulheres em um toalete, em uma conferência feminina na qual estava participando.

> Uma mulher passando batom disse: "Oh, Joni, você sempre tão arrumada, tão feliz em sua cadeira de rodas. Eu queria ter essa sua alegria!" Muitas mulheres em volta concordaram. "Como é que você consegue?", perguntou, fechando seu batom.
>
> Olhei de relance para as mulheres bem vestidas ao meu redor. Sabia que aquele intervalo estava para acabar. Como eu poderia responder àquela pergunta em sessenta segundos? Como eu poderia resumir em uma fala o que me custou três décadas de tetraplegia para aprender?

"Eu não sei", disse. Isso as impressionou. "Na verdade, posso contar a vocês, honestamente, como acordei nesta manhã?" Várias das mulheres se debruçaram para o balcão para me ouvir falar. "Esse é um dia comum." Respirei profundamente. "Depois que meu marido, Ken, parte para o trabalho às seis da manhã, fico sozinha, até ouvir a porta da frente se abrir às sete. É a hora em que uma amiga chega para me levantar."

Enquanto a ouço preparar o café, oro: 'Oh, senhor, minha amiga logo me dará um banho, me vestirá, me sentará na minha cadeira de rodas, escovará meus cabelos e meus dentes, e me levará por aquela porta. Não tenho forças para tolerar essa rotina mais uma vez. Não tenho mais recursos. Não tenho um sorriso que possa levar ao longo do dia. Mas o senhor tem. Pode me dá-lo? Senhor, preciso dele desesperamente.'"[1]

Uma das grandes tristezas e ironias da vida de Joni é que, apesar de estar paralisada do pescoço para baixo, ainda sofre uma dor considerável. Você pode até pensar que a paralisia significa ausência de dor, que você nada sente, mas à Joni não foi dado esse alívio. A força que sempre vejo nela não é uma coisinha à toa. Tem sido e continua a ser uma batalha brutal dia após dia para celebrar Cristo em meio à sua realidade. Ainda assim, a cada dia, ela veste na alma seu par de luvas de boxe e continua lutando.

Quando entrevistei Joni para o programa de televisão *The 700 Club,* em 1991, me tornei mais consciente de uma dimensão em seu relacionamento com Jesus, um núcleo feérico de força que era ao mesmo tempo intangível e inegavelmente real. À época, não poderia dizer-lhes que dimensão era essa — seria resistência? Seria persistência? Adaptabilidade? Não tinha certeza. Eu só queria tê-la. Queria saber o que ela sabia. Queria o relacionamento que Joni tinha com Cristo, que obviamente não havia surgido de uma vida fácil. Claramente, Joni havia vivido uma vida de sofrimento. Seria o sofrimento a chave, a coisa que fez nascer essa qualidade que eu não conseguia definir exatamente?

Eu não queria o sofrimento — e quem o quer? — mas eu queria saber o que ela possuía, e a sua força.

Assim, quando dei adeus a Joni naquele primeiro dia em que nos conhecemos, mantive a determinação de manter contato com ela e de fazer crescer nossa amizade. Então, em 1992, minha vida desmoronou, e perdi o contato com todo o mundo.

A promessa da força

Sentei-me no consultório do psiquiatra, no hospital, e podia ouvi-lo falar comigo, mas era como se estivesse ouvindo por detrás de um vidro, ou presa em um aquário. Seus olhos eram gentis, e sua postura, ao se reclinar, parecia me passar confiança, mas eu já estava farta daquilo. Falou-me sobre nossos desenvolvimentos em estudos sobre a depressão clínica e sobre novos medicamentos que eram mais eficientes em deter aquele opressivo sentimento de estar desaparecendo um pouquinho a cada dia. Posso dizer que ele estava me oferecendo esperança, mas que eu não a estava aceitando.

Não é que eu enxergasse nele alguma coisa mais do que o excelente médico que ele se mostrou ser. Só que eu não estava interessada. Ofereceu-me os primeiros passos para o caminho da recuperação e do bem-estar, e eu não quis. Aquele gotejar constante da depressão havia finalmente se acumulado a ponto de me afogar, e eu não tinha mais forças ou desejo de lutar. O que eu estava passando era, como descreveu o poeta John Keats, "aquele humor que, se estivesse sob a água, acho que não bateria os pés para chegar à superfície."[2] Ainda que o médico me estivesse jogando um colete salva-vidas, eu não tinha a energia ou o desejo de agarrá-lo.

Acho estranho agora, em minha mesa da copa, digitando essas palavras, voltar para aquele lugar de sombras profundas e de desespero. Parece-me agora como outra vida. Olho para meu filho de treze anos jogando bola com seu pai lá fora, e acho incrível que, em algum momento, eu tenha pensado em morrer.

Já escrevi e falei sobre minha experiência com depressão ao longo dos anos, e conheço uma relação instantânea com outras pessoas que estão sofrendo o que eu sofri. Não precisamos de muitas palavras aqui — só uma compreensão de quão sombria a noite pode ser.

Recentemente um amigo sugeriu que eu deveria encarar isso como uma parte do meu passado, e não falar mais sobre o assunto. "Afinal de contas, você não vai querer ser garota-propaganda da depressão, não é?"

Não tenho certeza. Talvez eu queira. Não no sentido de ficar presa ao passado e incapaz de seguir com a vida, mas certamente em estar presente e disponível para aqueles que mal começaram sua descida. A depressão é uma doença muito isolante, o que só aumenta o desespero. Eu quero que os outros conheçam aquilo que descobri, que há ajuda e cura disponíveis, que um dia você vai realmente desejar a comunhão com outras pessoas, e ansiar não somente pela companhia delas, mas pela própria intimidade. Não acontece da noite para o dia, mas cada passo na direção certa joga mais um pouco de luz na escuridão.

Nos dias e semanas que se seguiram ao princípio do meu tratamento, só posso me descrever como estando consciente para o mais tênue raio de luz. "Não fosse a ajuda do Senhor, eu já estaria habitando no silêncio. Quando eu disse: 'Os meus pés escorregaram', o teu amor leal, Senhor, me amparou! Quando a ansiedade já me dominava no íntimo, o teu consolo trouxe alívio à minha alma" (Salmo 94:17-19).

Há alguma coisa santa que Deus embutiu no sofrimento. Nem me arrisco a descrever a vocês o que é o sofrimento que se sente nesse momento. Mas me permita dizer que, se eu caí da beirada da minha vida, descobri que sempre fui amparada por alguém. De alguma forma misteriosa, era como se Deus esticasse seus braços, me agarrasse e me erguesse. Estava fisicamente fraca e emocionalmente esgotada, mas consciente do começo daquilo que havia visto nos olhos de Joni, aquela unicidade com Jesus. Inicialmente, quis fugir dessa impotência de me pendurar e me fiar em Deus e em suas promessas. Não quis ficar vulnerável ou perder o controle. Havia me ensinado a cuidar de mim mesma, ao longo dos anos, para que ninguém pudesse me magoar ou ferir profundamente. Mas descobri que, quando me protejo das outras pessoas, crio um escudo entre mim e Deus também. Os votos internos que fazemos acabam por nos isolar e joga sombras sobre a paisagem de nossas vidas.

Há alguma coisa santa que Deus embutiu no sofrimento.

Esta é a chave para se canalizar ao poder de permitir a Cristo, que venceu o mundo, para ajudá-lo a vencer seus problemas e sofrimentos. Você tem de chegar ao fim de si mesmo e decidir, não importa o quanto custe, que você quer ficar livre para amar Cristo e segui-lo aonde quer que ele o guie. Mesmo que isso signifique um lugar onde a única coisa que impede que você caia em confusão ou desespero é agarrar-se à promessa de vencer *por você*. Tive de tomar a decisão, na ala psiquiátrica, que não queria mais viver uma vida segura, confortável e fria. Queria viver abandonada a Deus. Comecei a notar que muitas vezes só estava disposta a entregar a Deus aquilo que eu aceitaria perder ou que havia perdido. Mas não fomos projetados para viver uma vida cautelosa, nos prendendo àquilo que realmente somos, nossas esperanças e nossos medos. A força verdadeira nos convida a viver com coração e alma abertos, sabendo que Cristo nos segura com força e firmeza.

A força verdadeira nos convida a viver com coração e alma abertos, sabendo que Cristo nos segura com força e firmeza.

Para mim, isso significou me resignar da posição autoimposta de salvadora, e me entregar para me tornar um cordeiro seguindo seu Pastor.

Assim, quando senti que estava me afastando dos meus amigos mais próximos, escolhi estender a mão e pedir que orassem por mim, em vez de me recolher em um lugar sombrio.

Ou, quando fico sabendo que há alguém atravessando o pesadelo de um filho com câncer, me coloco próxima, para assegurar que esta mãe não está sozinha, porque sei que mesmo nesse lugar Cristo está presente no sacramento do sofrimento.

Uma coisa é dizer: "O senhor é meu pastor, e nada me faltará." Outra coisa, bem diferente, é quando você se encontra em um lugar sombrio e descobre que não está sozinho — quando você realmente começa a confiar na promessa de Deus embutida no Salmo 23:4: "Mesmo quando eu andar por um vale de trevas e morte, não temerei perigo algum, pois tu estás comigo; a tua vara e o teu cajado me protegem."

Meu salto no precipício, ou minha queda na beirada, em resumo, foi assim: um dia era coapresentadora de um programa de entrevistas em rede nacional e, na noite desse mesmo dia, estava na ala psiquiátrica de um hospital. Que giro na roda da fortuna! Pensei em Joni naquela primeira noite. Ela não havia escolhido a vida que levava. Havia saltado de uma plataforma e quebrado seu pescoço. Não estou nem por um minuto comparando o sofrimento que Joni continua a enfrentar com nada pelo qual eu tenha passado. Todavia, eu conhecia o suficiente sobre as batalhas que ela travava para saber o quanto é tentador desistir e se entregar.

Escalar as paredes de um poço tão fundo é muito difícil, e há muitas verdades dolorosas que você tem de encarar quando faz essa escalada. Se você jamais sofreu de depressão séria, acho que dificilmente compreenderia a dor física e mental. A maior parte da depressão é em silêncio, em isolamento e... interna. Um tumor cerebral aparece na tomografia computadorizada, mas nada detecta os componentes químicos cerebrais em falta.

A depressão é somente uma em uma miríade de realidades isolantes. Penso na mulher a quem acabam de dizer que não poderá ter filhos — as portas da creche batem de sopetão contra sua cara, e ela ficará sempre fora do sonho da maternidade. Àquela a quem o marido olha nos olhos, depois de vinte anos de casados, e diz: "Eu não te amo mais. E nem sei se já amei um dia." Ou a mulher que olha para si mesma no espelho após o câncer ter devastado a paisagem de sua feminilidade. A tentação para aqueles que os estão observando é dizer: "Recomponha-se. Você tem de ser grata por tanta coisa que tem!" Para aqueles que estão no olho do furacão, isso é como dizer a uma criança com a perna quebrada: "Levante-se e ande."

A força silenciosa que vi em Joni nasceu do cadinho de uma dor tão profunda que você não consegue se mover, um pesar tão sobrepujante que o esmaga com o peso de um oceano. Mas o que ela descobriu é que, quando você está pregada, está segura. Isso não a impediu de experimentar a dor ou a incapacidade de se magoar, mas deu a ela uma intimidade com Cristo que é simplesmente linda.

Não falo dessas coisas levianamente. Enquanto lê essas palavras, talvez você esteja atravessando um pesar inimaginável. O que eu quero que você se lembre ou saiba, se ainda não conhece, é que Cristo foi ao fundo do poço do pesar. Ele experimentou as piores escórias que o inferno pode entornar, e se ergueu mais uma vez, para nos libertar e nos garantir um destino com ele para sempre — um destino que Satanás não pode tocar. Enquanto trilhamos o caminho único que nos leva para casa, ele promete caminhar conosco e nos ajudar a superar o que for.

À época que Joni e eu nos encontramos pela segunda vez, minha vida estava em um lugar totalmente diferente. Estava começando a compreender o que as Escrituras chamam de tesouros das trevas: "Darei a você os tesouros das trevas, riquezas armazenadas em locais secretos, para que você saiba que eu sou o Senhor, o Deus de Israel, que o convoca pelo nome" (Isaías 45:3). Joni os viu. Contou-me que, na vez que me conheceu, a primeira palavra que lhe veio à mente foi "forte". Após minha hospitalização, ela disse: "uma palavra diferente e melhor veio-me à mente: 'gentil', ou melhor 'despedaçada e gentil.'"

Não importa quais circunstâncias puxem o tapete debaixo de nossos pés, eu descobri, da mesma forma que milhões antes de mim que já trilharam o caminho da fé, que Deus usará a mais tenebrosa das noites para nos dizer que está lá, que ele nos mantém e nos ergue. As palavras de Cristo que conhecemos há anos de repente ganham vida e respiram esperança. Jesus disse àqueles mais próximos dele: *Vocês vão passar por dificuldades nesse mundo. Isso é um fato. Não se surpreendam com isso nem esperem uma vida livre de problemas. Animem-se! Fortaleçam-se nessa verdade absoluta: eu sobrepujei o mundo. Nós ganhamos, e isso é certo. Assim, quando não puderem mais aguentar, saibam disso — eu os estou segurando. Quando suas forças tiverem se esvaído, ainda tenho você sob meu controle, e darei a vocês minha força para manterem-se.*

Esta é uma promessa e tanto. E os discípulos de Cristo estavam para descobrir o que ela queria dizer.

Uma revolução para o fraco

Não posso ficar alheia ao fato de que, quando Jesus fez sua promessa para vencer o mundo (João 16:33), seus discípulos estavam pensando que as coisas poderiam ter um bom encaminhamento para eles e para seu povo. Haviam estado com Jesus por quase três anos e meio de ministério. Podiam sentir uma mudança e uma revolução no ar. As pessoas seguem Jesus e ele opera milagres. Seus ensinamentos são cheios de autoridade, mas suas histórias sempre põem em dúvida aquilo que elas achavam que sabiam. Isso é perturbador, especialmente aos tradicionalistas no meio deles, e a vida de Jesus estava ameaçada por oficiais religiosos e por rabinos.

Agora Jesus acabara de entrar em Jerusalém e as pessoas o estão saudando com louvores e jogando seus mantos no chão para que ele atravesse (Mateus 21:8,9). A cidade está em polvorosa. Os discípulos estão mostrando as edificações do templo para Jesus (Mateus 24:1,2), pensando: *é agora. Esse é o começo da vinda de Jesus como um novo rei, e uma nova ordem.* Não compreendem que Jesus não tinha vindo para estabelecer um reino terreno, mesmo quando lhes diz que eles serão perseguidos e sofrerão por ele (Mateus 24:9).

Não veem que a vida de Jesus, enquanto homem, está a horas de desmoronar em seu entorno.

O que veem os deixa perplexos. Após trazer Lázaro dos mortos (João 12:9,10), Jesus não faz mais aparições públicas. Sabe que seu tempo é muito curto e, por um momento, afasta seus inimigos para poder estar com seus amigos mais íntimos e prepará-los para o que estava por vir.

Esse então é o cenário para a última noite de Jesus com seus amigos. Vão para o salão superior e se preparam para a ceia. Mas antes Jesus tem de dar-lhes uma última lição, mostrar-lhes de uma maneira diferente que ele veio para trazer a revolução e que ela deve começar em seus corações, não acumulando mais de sua própria força para a batalha, mas confiando somente nele.

Assim, pega uma toalha e uma bacia d'água, e começa a lavar os pés dos discípulos.

Os discípulos estão em choque. Aquele que deveria ser o novo rei acabava de assumir o trabalho mais humilhante e trivial, reservado aos escravos não judeus. O mais poderoso escolheu o lugar do mais fraco. Seu braço forte escolheu se tornar fraco.

Sabemos que foi assim que Jesus escolheu passar suas últimas horas na Terra, em uma situação de fraqueza e humildade, um lugar de sofrimento e não parecendo vencedor, mas sim derrotado. Se os discípulos compreendessem que restava pouquíssima areia na ampulheta, poderiam ter se perguntado: *é assim que vai vencer o mundo?*

Talvez você esteja se fazendo a mesma pergunta.

É uma boa pergunta, e a resposta de Jesus é revolucionária: "Sim, na fraqueza está a força, porque, ao assumir nosso sofrimento, tornamo-nos fortes." O plano de Jesus, desde o começo, era vencer o mundo não por meio da força, mas pelo amor, um amor violento, mais forte que a morte e que nem muitas águas poderiam apagar, e que nem os rios poderiam lavar (Cânticos 8:6,7).

O plano de Jesus, desde o começo, era vencer o mundo não por meio da força, mas pelo amor.

O Evangelho de João declara isso no começo da cena do lava-pés: "Tendo amado os seus que estavam no mundo, amou-os até o fim" (João 13:1). Ao lavar os pés de seus queridos amigos, Jesus está dando a eles e a nós uma amostra do que ele está prestes a fazer por todos nós — nos lavar das impurezas, e usando não a água, mas seu próprio sangue. Deus começou a nos dar pistas desde o Jardim do Éden, quando ele matou um animal para dar vestes a Adão e Eva (Gênesis 3:21). E mais uma vez ao longo do Êxodo e das peregrinações pelo deserto, quando disse aos filhos de Israel para colocarem o sangue de um cordeiro imaculado de um ano de idade sobre os umbrais para que o Anjo da Morte passasse (Êxodo 12:3-13). Depois ele deteve a mão de Abraão quando estava prestes a cravar um punhal no coração de Isaque, e forneceu um substituto: um carneiro preso pelos chifres em um arbusto (Gênesis 22:9-14). E, desde o Gênesis até o Apocalipse — já que nunca pudemos nos cobrir por nós mesmos, Cristo nos cobriu pela lavagem de seu sangue.

Paulo escreve maravilhosamente sobre essa redefinição de força em seu grande Hino Cristológico, encontrado no capítulo segundo de sua carta à igreja de Filipo. Eu recomendo profundamente que você deixe essas palavras morarem em seu coração. São de uma beleza pungente, ao descrever o que Cristo deixou para trás:

Mas esvaziou-se a si mesmo,
vindo a ser servo,
tornando-se semelhante aos homens.
E, sendo encontrado em forma humana,
humilhou-se a si mesmo e foi obediente até à morte,
e morte de cruz!
Por isso Deus o exaltou à mais alta posição e
lhe deu o nome que está acima de todo nome,
para que ao nome de Jesus se dobre todo joelho,
no céu, na Terra e debaixo da terra,

e toda língua confesse que Jesus Cristo é o Senhor,
para a glória de Deus Pai.

FILIPENSES 2:7-11

Aqui, aquele que fez de seu verbo todas as coisas, escolheu dobrar os joelhos e permitir que o peso e o pecado do mundo o esmagassem, para que pudéssemos ser livres e para que seu Pai fosse glorificado. Os discípulos, é claro, não compreenderam isso quando, no salão superior, Jesus lavava e secava seus pés. E é quando Jesus lhes mostra — e a nós — uma das coisas mais notáveis sobre sua promessa de nos ajudar a vencer o mundo, e exatamente como ele vai manter essa promessa.

SUAS ORAÇÕES MANTÊM A PROMESSA

Primeiramente, Jesus diz a seus princípios algumas coisas perturbadoras:

- *Para Pedro, que ele trairá Jesus.*
- *Para todos na mesa, que, da mesma forma que o mundo o odeia, odiarão a eles também.*
- *Que todos serão expulsos da sinagoga e, de fato, que virá um tempo em que aqueles que quiserem matar os discípulos acreditarão que o fazem em nome de Deus (João 16:1,2).*
- *E que, naquela mesma noite, quando ele precisar mais deles do que nunca, eles fugirão para suas casas e o abandonarão.*

Isso parece por acaso uma maneira de fortalecer os de coração fraco ou de dar força aos fracos? *O que é que Jesus está fazendo, afinal?*

Acho que ele está dizendo: *tudo isso vai acontecer, mas Deus ainda está no controle.* Ele está dizendo a Pedro: *quando você ouvir a si mesmo fazendo exatamente aquilo que jurou não fazer, saiba que eu compreendo e que o amo.* Está dizendo a seus discípulos, e a nós, agora: *quando seu mundo cair e nada mais fizer sentido, você estará seguro por mim. Nada do que acontecer será uma surpresa para Deus.* Vivemos em um planeta decaído, despedaçado, mas Cristo garantiu nossa passagem até o caminho de volta para casa. Ou, como diz 2 Coríntios 1:5: "Se alguém tem causado tristeza, não o tem causado apenas a mim, mas também, em parte, para eu não ser demasiadamente severo, a todos vocês."

Para mim, esse versículo soa como um gigantesco "*Não entre em pânico!*" dito por nosso Pai.

Assim, com essas palavras, Jesus lidera seus discípulos mais próximos ao Monte das Oliveiras. Lucas 22:39 nos diz que era comum para Jesus passar algum tempo naquele jardim com Deus, para se retirar desse mundo e poder orar. Mas uma coisa que ele faz nesse dia é incomum: ele se afasta um pouco dos discípulos. Jesus, nosso abrigo, nosso refúgio, nos mostra que, mesmo quando achamos que ele não está por perto, está a uma distância alcançável. Está conosco, e preparado e, como diz João 18:4, sabendo de todas as coisas que estão por vir a ele — e a nós.

E, enquanto os discípulos dormem, exaustos, Jesus ora. "Pai, se queres, afasta de mim este cálice; contudo, não seja feita a minha vontade, mas a tua" (Lucas 22:42). Aqui Cristo reúne nossa humanidade com o chamado à servidão. Sabendo o que lhe esperava naquela noite, Cristo pergunta se seria possível evitar tal destino e, ainda assim, na mesma frase, dobra seus joelhos à vontade de Deus. Nosso Deus não é um botão ejetor cósmico, uma completa separação das provações e atribulações deste mundo. Se você pensar nisso, como poderia aquela disposição mental ser uma demonstração de pura força? Você alguma vez já evitou uma situação difícil? Encolhido ante a confrontação, ou contornando um sonho por conta do medo ou do fracasso? A força de Deus é uma força que estende. E, nos erguendo com sua força, ele nos dá forças para nos estendermos, também.

Antes de deixar o salão superior naquela noite, Jesus orou por seus amigos. "Não rogo que os tires do mundo, mas que os protejas do Maligno" (João 17:15). Deus irá "proteger-nos", como diz o versículo. Que admirável, e que generosidade. Em seu próprio momento de pesar, profunda tristeza e fadiga, Jesus pede a seu Pai para que não nos remova desse mundo e de seus problemas, mas que nos proteja. E na proteção está seu pedido de que nos seja dada força, resistência e tolerância.

Jesus sabia o que estava por vir, e parou para orar com seus discípulos, para você e para mim. Que exemplo poderoso. Suas ações nos mostram que podemos encarar melhor o sofrimento se não nos entregarmos a ele ou nos evadirmos dele, mas por nos mantermos de pé e nos fiarmos em sua promessa. Os problemas estão alinhavados no próprio tecido da vida, mas Cristo venceu. A convocação para manter o ânimo implica ação, uma consciência. Para mim, esse versículo diz: "Pare! Lembre-se de que Cristo nos preparou para os problemas que virão, portanto, juntem tudo o que estamos sentindo e se comprimam sob seu abrigo, a fenda na rocha, porque ele venceu."

A única coisa que sabemos com certeza é que, de um modo ou de outro, nesse mundo, todos iremos sofrer. Algumas pessoas têm uma carga bem maior que outras. Algumas parecem flanar pela vida livre de problemas, mas ninguém sai sem marcas. Não importa o quão difíceis sejam as circunstâncias,

Jesus garante aos fracos de coração que ele venceu o mundo e que ele irá ajudá-los a fazer o mesmo — e o momento escolhido para fazer a promessa é importante. A poucas horas de Jesus ser traído por seus amigos, zombado e apedrejado, lanhado e torturado, pregado a uma cruz e cuspido — e ser morto — sua mensagem, de coração a coração, com seus amigos mais próximos era essa: *Animem-se, eu venci o mundo.*

E esse é o momento das promessas. Há uma estranha, mas encorajadora realidade envolvida nas promessas e, no pesar e no fato de que Deus está presente nos momentos de mais profunda tristeza, e que seus braços são amplos e abraçadores. São fortes o suficiente para nos manter e fortes o suficiente para nos erguer desse mundo.

A maioria das promessas de Cristo é para mim consoladora, mas há algo nessa promessa que ouço em minha alma como um grito de batalha. Ao olhar para o caminho que Cristo abriu para você e para mim para que pudéssemos ser livres para amá-lo e viver com ele para sempre, eu quero, mesmo que em meio às atribulações, me manter de pé! Não importa o quão solitário você se sinta em algumas ocasiões — por conta do que Jesus fez por nós, nunca estaremos sozinhos.

Mesmo no olho do furacão, chamamos a nossos corações para se lembrarem que, não importa quão dura seja a vida, nós vencemos.

Não importa o quão solitário você se sinta em algumas ocasiões — por conta do que Jesus fez por nós, nunca estaremos sozinhos.

9

Mais

Sei que há algo melhor

A Promessa

Peçam, e lhes será dado; busquem, e encontrarão; batam, e a porta lhes será aberta. Pois todo o que pede, recebe; o que busca, encontra; e àquele que bate, a porta será aberta.

Mateus 7:7,8

Ainda posso ver seus rostos e o grande sorriso amarelo que ia de orelha a orelha. Christian e seu amigo Chase estavam sentados em suas camas gêmeas como pequenos príncipes, com o cardápio do serviço de quarto à mão.

Havia trazido Christian e seu amiguinho comigo para Fort Lauderdale, no estado da Flórida, onde eu participaria de uma conferência no fim de semana, e havia conseguido algum tempo para ir à praia com os meninos. Já que eles haviam alcançado a poderosa idade de dez anos, requisitaram um quarto só para eles. Depois de conter a risada, disse-lhes que teríamos quartos contíguos, e que eles teriam de manter a porta aberta. Após tê-los arrumado no quarto, perguntei se preferiam jantar no quarto ou no restaurante. Concordaram que o serviço de quarto parecia mais legal. Dei a eles cardápios para ler e fui desfazer a mala.

Após alguns momentos, Christian colocou a cabeça pela porta. "Posso pedir para Chase e para mim?", perguntou. "Eu sei o que fazer! Por favor?"

Christian viajava comigo desde que tinha seis semanas de idade. Eu tinha uma confiança razoável de que ele poderia tomar conta da tarefa.

"Ok, mas se eles pedirem para falar com um adulto, estou bem aqui", disse.

"Ok!" gritou, correndo de volta ao quarto ao lado.

Eu podia ouvir os garotos conversando e não pude resistir a ouvir o que diziam.

"Então você já fez isso antes?", Chase perguntou.

"Centenas de vezes", respondeu Christian.

"E não precisa de dinheiro?", Chase ponderou.

"Não, cara, é que nem um milagre", Christian respondeu. "Você só liga para eles e pede o que você quiser, e eles trazem em uma bandeja e você só assina um pedaço de papel e é só."

"Uau!", Chase exclamou.

"Não é? Uau!", Christian ecoou.

Esperei até ouvir a batida na porta e fiquei na entrada que conectava os dois quartos para me certificar de que, quem quer que estivesse entregando a comida, pudesse ver que eles não estavam sozinhos. Christian cerimoniosamente assinou o recibo, e eu agradeci ao entregador. Quando voltei, vi pela primeira vez o que eles haviam pedido: duas pizzas grandes de pepperoni — uma para cada um, dois litros de sorvete e um pote de chocolate quente.

"Olha tudo isso, mamãe", Christian anunciou triunfante. "E não nos custou um centavo!"

Tentei não rir, mas foi difícil. Naquela noite expliquei como funciona o serviço de quarto para meu filho e para seu amigo fascinado. Contei-lhes que, sim, há coisas maravilhosas a se pedir e, não, você não as recebe se não pedir — mas que não existe realmente isso de refeição grátis. Christian suspirou e perguntou: "Ah, mãe... esse é mais um daqueles momentos de ensinar?"

Quando refleti sobre isso mais tarde, me causou tanto horror e divertimento pensar que eles poderiam simplesmente ter pedido todo o cardápio! Em vez disso, pediram a boa e velha comida de garotos. Certo, não é a refeição mais nutritiva, e ambos pareceram bem desconfortáveis depois, deitados em suas camas como baleias encalhadas, mas, puxa, demos boas risadas.

Comecei a pensar sobre o pedido deles e me perguntei se, de diversas maneiras, fazemos algo parecido em nosso relacionamento com Deus. Nosso Pai celestial nos oferece muito mais que um cardápio de serviço de quarto, e seus recursos são ilimitados! Entretanto, assim como Christian e seu amigo, nos contentamos em pedir comida barata quando ela parece atraente, enquanto Deus nos oferece uma refeição *gourmet* abundante de sua presença em todos os momentos de nossas vidas.

Uma promessa por mais

Por diversas vezes nos contentamos com coisas pequenas e provisórias, no lugar da grande e espiritual riqueza que Deus espera para nos dar. Não é de se estranhar, que bem no fim do primeiro de seus sermões a ser registrado, o Sermão da

Montanha, Jesus faz essa promessa: "Peçam, e lhes será dado; busquem, e encontrarão; batam, e a porta lhes será aberta. Pois todo o que pede, recebe; o que busca, encontra; e àquele que bate, a porta será aberta" (Mateus 7:7,8).

À primeira leitura você pode ficar tentado a pensar que essa promessa fala a nosso lado mais autoindulgente, mas, quando você vai mais a fundo, há um tesouro a ser escavado sob a primeira passada. O que Jesus está prometendo é uma transformação radical sobre como pensamos e como vivemos. Posso ver as pessoas se debruçando quando Jesus lhes conta isso naquela colina. Quando ele se sentou para proferir seus ensinamentos (uma indicação à multidão de que ele estava adotando a posição de um rabino professor), as pessoas se aproximaram. Mas o que eles estavam para ouvir chocou-lhes tanto quanto se Jesus tivesse subitamente gritado em seus ouvidos — porque sua promessa para nós, como aquele sermão, trata de dar mais. Não importa o que pedimos, ele tem mais em estoque. O que ele está para dizer mudará tudo se compreendermos a promessa.

O que Jesus está prometendo é uma transformação radical sobre como pensamos e como vivemos.

Certamente as pessoas naquela colina não esperavam ouvir o que Jesus tinha para falar naquele dia. Ele ensinava com autoridade, isso eles entenderam. Mas suas palavras e a promessa iriam espantá-los. Ele lhes daria consolo e então proporia um desafio. Diria-lhes que é o coração que importa, e então falaria que, por causa do coração, deveríamos viver mais, com mais abandono e paixão. Diria às pessoas que Deus não é distante, reprovador ou desconectado, mas um Pai que ama dar boas dádivas a seus filhos. Assim, eles deveriam pedir, e continuar pedindo.

Aproxime-se e escute

Para entender o quão chocante é a promessa de Jesus, você tem de imaginar a cena e se colocar no lugar das pessoas que a ouviram pela primeira vez. O Sermão da Montanha não foi um simples sermão de amenidades. Estava mais para um concerto do U2 em uma grande arena. Houve choque, houve pasmo. Jesus não apresentou gradualmente seu ensinamento nem cumprimentou a plateia. Ele a assombrou.

Um amigo meu, que é técnico para palestrantes, explica-me dessa forma: quando você se dirige a uma multidão, a primeira frase a sair de sua boca é crucial, já que pode tanto ressoar na plateia e prender sua atenção, capturando seus ouvintes, quanto sair sem efeito algum, e fazer com que as pessoas se distraiam.

Bem, a primeira palavra a sair da boca de Jesus ricocheteou na plateia, porque é uma palavra que jamais foi associada a eles: *abençoados.* A palavra em grego é *makarios,* que significa "felizes" quando aplicada a homens e mulheres, mas quando aplicada a Deus significa "a glória do Evangelho". Na primeira carta de Paulo para Timóteo, ele usa essa palavra, quando escreve sobre "o glorioso evangelho do Deus abençoado" (1 Timóteo 1:11).

Isso é admirável porque a palavra *abençoados* era uma palavra poderosa para aqueles que escutavam Jesus naquele dia. Para eles, significava "júbilo divino, felicidade completa" e descrevia o tipo de alegria que, se acreditava, só poderia ser sentida pelos deuses ou pelos mortos. Era usada na literatura pagã da época para descrever a felicidade que só eles poderiam conhecer.[1] *Abençoados* implicava uma segurança interior e um repouso que não dependiam das circunstâncias ou de uma habilidade de cumprir as regras da felicidade. Isso era muito mais do que o que os judeus poderiam esperar. Eles lutavam para ser aceitáveis, para escapar do julgamento, mas, ser abençoado — que dádiva.

Assim você pode ver como isso foi um conceito revolucionário para a plateia de Jesus. Os fariseus, seus guardiões intelectuais e zelosos, haviam-lhes ensinado que a justiça e a retidão estavam atreladas ao comportamento externo, uma questão de obedecer às regras e regulamentos, os quais havia muitos. Os fariseus haviam ensinado que, ao orar, doar, jejuar e observar todas as regras alimentares e do sabá, se poderia medir a retidão e a justiça de uma pessoa.

Mas nas beatitudes, Jesus descreveu como o caráter flui a partir do coração humano. Não era uma lista de coisas a se marcar como feitas ao fim do dia, mas sim uma nova e radical maneira de viver, entregue a Deus. Jesus não estava vendendo carteirinhas para novos membros do clube, mas convocando as pessoas a se juntarem a um novo reino que lhes custaria tudo o que tinham, mas que lhes daria tudo de que precisassem. Você pode imaginar ter passado a vida inteira tentando cumprir todas as milhares de exigências minuciosas, para tentar agradar a Deus, e subitamente ouvir que o que realmente importa é o coração?

Agora, quando me refiro a muitas exigências minuciosas, quero dizer que são minuciosas e extenuantes. Eis alguns exemplos:

- No sabá (*shabbat* em hebraico, relacionado ao verbo *shavat*, que significa "parar", "desistir" ou "repousar"), se você apagasse uma lâmpada porque alguém na casa estava doente e você queria que ela pudesse dormir, isso não era contra a lei. Mas se você apagasse a lâmpada somente para economizar óleo, isso era contra a lei.
- Se um marinheiro judeu fosse pego na tempestade após o pôr do sol da sexta-feira e tocasse o timão, mesmo que simplesmente para salvar sua vida ou a vida de seus passageiros, isso era contra a lei.
- O tratamento para aliviar a dor de dentes naquele tempo consistia em aplicar vinagre no dente enfermo, mas se você fizesse isso no sabá, você estava indo contra a lei. Se, no entanto, você colocasse muito vinagre em sua comida naquele dia, e isso tivesse o efeito colateral de parar com a dor de dente, os rabinos diriam, "se ele está curado, ele está curado."

Meio louco, não acha?

Jesus aumenta o nível

Você consegue ver como a vida era complicada e estressante para os judeus, com todas essas leis? Que alívio então quando Jesus falou, e a primeira palavra que saiu de sua boca foi "abençoado", ainda mais quando passou a listar as pessoas que seriam abençoadas: os pobres de espírito, os que estão enlutados, os mansos, aqueles que têm fome e sede por retidão e justiça, os misericordiosos, os de coração puro, os que promovem a paz, os que são perseguidos em nome da justiça, e aqueles perseguidos por conta de Cristo (Mateus 5:1-12).

Posso imaginar a multidão ficando inicialmente chocada e depois enternecida pelas promessas de Jesus por uma vida abençoada. No fim das contas, esses ouvintes eram um povo perseguido. Os romanos controlavam sua vida e impunham impostos pesados. Usavam até alguns entre os próprios judeus para extrair ridículos impostos e faziam vistas grossas àqueles que tiravam mais do que era necessário e embolsavam a diferença. Tenho certeza de que nenhum grupo de pessoas foi mais desprezado do que aquele dos judeus que trabalhavam para os romanos e usavam o poder da bota romana para encher seus próprios bolsos.

Um desses homens era Zaqueu. Seu nome significa "puro", mas sua vida traía seu nome — ele enriquecera à custa das pessoas em seu entorno. Mas Zaqueu descobriu que há algo intrinsecamente decepcionante em cada coisa que esse mundo tem a oferecer, e aquilo de que ele realmente precisava somente Jesus poderia dar. Zaqueu tinha manipulado para granjear grande riqueza, mas, por dentro, sua pobreza espiritual era aterradora. Estava morrendo de fome daquilo que importava, daquilo que permaneceria. Em um dramático encontro com Cristo, Zaqueu recebeu mais do que poderia pedir ou sonhar. Vamos analisar essa história daqui a pouco.

Não somente os romanos oprimiam o povo judeu, mas os líderes enviados por Deus para guiar e amar seu povo o oprimia com regras e regulamentos mesquinhos. Não havia alegria, graça ou liberdade, somente uma régua sem misericórdia que media o quão longe da "justiça" estava cada pessoa. E aqui estava um homem que não somente falava contra a opressão, mas que ia mais fundo na questão, ia no coração das pessoas.

Depois, a mensagem de Jesus ficou mais complicada. Ele disse à multidão que eles eram sal e luz. Se o sal perde seu sabor, de nada mais adianta. E, não é a mesma coisa com a luz? Se você esconder uma lâmpada sob uma cesta, ela já não serve para nada. Então Jesus soltou a bomba:

> Não pensem que vim abolir a Lei ou os Profetas; não vim abolir, mas cumprir. Digo-lhes a verdade: enquanto existirem céu e Terra, de forma alguma desaparecerá da Lei a menor letra ou o menor traço, até que tudo se cumpra. Todo aquele que desobedecer a um desses mandamentos, ainda que dos menores, e ensinar os outros a fazer o mesmo, será chamado menor no Reino dos Céus; mas todo aquele que praticar e ensinar estes mandamentos será chamado grande no Reino dos Céus. Pois eu lhes digo que se a justiça de vocês não for muito superior a dos fariseus e mestres da lei, de modo nenhum entrarão no Reino dos Céus.
>
> MATEUS 5:17–20

Assim, não só a observância à lei importava, como ainda você não podia alterar a interpretação nem em uma vírgula. Você tinha de ser exato.

Você pode imaginar as pessoas pensando: *Ok, senhor, eu estava entendendo, mas agora estou perdido! Para começo de conversa, você primeiro me diz que o que importa é o meu coração, mas então me diz que, a não ser que minha retidão e justiça exceda àqueles que vêm impondo a lei sobre nossas vidas, eu não vou entrar no céu? Isso não me dá nenhuma esperança.*

Viva mais alto, se apoie mais

Tendo inicialmente trazido uma esperança e um consolo muito necessários àquela multidão no Monte naquele dia, Jesus então apresentou às pessoas uma tarefa impossível: se aterem à lei ainda mais que o mais devoto dos líderes judeus. Era como se ele tivesse trazido às pessoas o mais maravilhoso dos serviços de quarto, com coisas das quais eles precisavam muito, com mais riquezas do que eles jamais poderiam imaginar, diretamente, e então os feito lembrar que há um alto preço a pagar.

Como podemos fazer isso? As pessoas devem ter se perguntado, quando Jesus disse para se aterem aos rigores da lei, ao pé da letra. Como podemos viver nessa demanda impossível?

Esperava-se que seus líderes religiosos estivessem presentes em suas vidas e levassem a eles consolo e esperança. Em vez disso, os fariseus nada faziam além de acrescentar dificuldades à vida das pessoas. E, agora, Jesus, que havia falado de modo tão consolador a eles, com um tal revigoramento de seus espíritos, estava falando não só sobre viver seguindo a lei ao pé da letra, mas além disso.

As pessoas devem ter ficado passadas.

E é nesse momento que Jesus faz a coisa mais impressionante. Olhou para a multidão — e eu só posso imaginar o amor contido em seus olhos — e disse: "Não se preocupem com a vida." Prometeu-nos que o Pai se importa conosco e aguarda nossa ida a ele quando estivermos perdidos, quando precisarmos de orientação, ou quando estivermos ansiando por respostas.

Assim, depois desse sermão comprido e, por vezes, confuso, vem essa promessa ultrajante que nos convida a não esperar por menos, e sim pedir muito mais de um Pai que nos ama e que sabe de nossas reais necessidades: "Peçam, e lhes será dado; busquem, e encontrarão; batam, e a porta lhes será aberta" (Mateus 7:7).

Para dizer "peçam", Jesus usou a palavra *aiteo,* significando "implorar, suplicar". A palavra implicava uma distinção de posições e circunstâncias entre as partes, e expressava uma demanda de um inferior a um superior. (Uma distinção que Cristo nunca usou quando falava a seu Pai.)

Para expressar "busquem", ele usou a palavra *zeteo,* significa "procurar, ansiar, pelejar para encontrar".

Para "batam", ele usou a palavra *krouo,* que significa "bater à porta com uma pancada pesada".

Jesus estava dizendo: *gritem para Deus; corram para ele; vão atrás dele; espanquem sua porta a qualquer hora do dia e da noite. Vivam mais, com todo seu coração, mas apoiem-se com mais força em Deus, com tudo que há em você — e assim acharão Deus lá, sempre pronto, sempre à espera para dar-lhes ainda mais do que vocês precisam.*

Vivam mais, com todo seu coração, mas se apoiem com mais força em Deus, com tudo que há em você — e assim acharão Deus lá, sempre pronto, sempre à espera para dar-lhes ainda mais do que vocês precisam.

Seriam nossos desejos fracos demais?

Esta é uma mensagem incrível! Jesus não somente nos faz lembrar que Deus espera para nos dar o que buscamos, e que tem uma porta sempre aberta para os pedidos, mas que ele nos dará mais do que sabemos que queremos ou precisamos.

Amo a maneira como C. S. Lewis colocou a questão em *The Weight of Glory* [O peso da glória]:

> Se espreita na maioria das mentes modernas a noção de que desejar nosso próprio bem e, com disposição, esperar por nosso desfrute é uma coisa ruim, quero argumentar que essa noção foi inserida por Kant e pelos estoicos, e que não faz parte da fé cristã. Efetivamente, se considerarmos as explícitas promessas de recompensas e a natureza assombradora das recompensas prometidas pelo Evangelho, pode parecer que nosso Senhor acha nossos desejos não muito fortes, antes fracos demais. Somos criaturas desanimadas, nos entretendo com a bebida, o sexo e a ambição, quando um júbilo infinito se nos oferece, como uma criança ignorante que quer continuar a fazer tortas de lama na favela porque não pode conceber o que seria a oferta de um feriado ao mar. Somos satisfeitos de forma demasiada fácil.[2]

Pedir, buscar, bater por... o quê?

Ao final do Sermão da Montanha vem o convite que Cristo conecta diretamente ao que qualquer pai na multidão poderia compreender — o mais primário desejo de poder prover para seu filho.

> Peçam, e lhes será dado; busquem, e encontrarão; batam, e a porta lhes será aberta.
>
> Pois todo o que pede, recebe; o que busca, encontra; e àquele que bate, a porta será aberta. Qual de vocês, se seu filho pedir pão, lhe dará uma pedra? Ou se pedir peixe, lhe dará uma cobra? Se vocês, apesar de serem maus, souberem dar boas coisas aos seus filhos,

quanto mais o Pai de vocês, que está nos céus, dará coisas boas aos que lhe pedirem!

MATEUS 7:7-11

Muitos dos comentadores veem esses versículos se destacando como uma peça em separado. É o que se chama perícope. Não, não tem nada a ver com periscópios! O prefixo *peri* vem do grego. Significa "sobre", "em torno" ou "além". O resto da palavra, *cope,* vem do grego *kope,* que significa "um corte". Uma perícope é um trecho de um texto de um livro ou documento. Ele foi "cortado em volta" e identificado como uma unidade literária.[3] O importante sobre cada perícope ou seção é que ela é estudada como um todo. Assim, se olharmos esses cinco versículos, vemos que Cristo reconhece que temos grandes necessidades na vida e que só há uma maneira de termos essas necessidades atendidas e satisfeitas. A resposta é clara: orar, orar, orar. E não somente como um pedido murcho e desanimado, mas como uma busca intencional, comprometida e incansável a Deus.

Peça e lhe será *dado* — não emprestado ou vendido, mas *dado*.

Busque e você *encontrará* — não que você talvez encontre ou possa encontrar, e sim que você *encontrará*.

Bata e a porta será *aberta* para você — não que ela talvez se abra ou que se abra para outra pessoa, ela será *aberta* para você.

Então, seria razoável para alguém que estivesse na multidão que o escutava, perguntasse: "Como podemos saber que isso é verdade? Em que você está se baseando?" É nesse ponto que entra a analogia de nosso relacionamento com nosso Pai celestial com o relacionamento entre pais e filhos, e essa analogia é poderosa. Os exemplos que Jesus escolheu são aqueles que, à primeira vista, podem não dizer muito para nós, mas, para sua plateia, teriam grande significância. Mateus nos fornece dois exemplos e, quando Lucas relata a história, acrescenta outro (Lucas 11:12).

Em Mateus, lemos: "Qual de vocês, se seu filho pedir pão, lhe dará uma pedra? Ou se pedir peixe, lhe dará uma cobra?" Lucas acrescenta: "Ou se pedir um ovo, lhe dará um escorpião?" Podem parecer combinações estranhas para nós, mas a plateia de Jesus podia ter uma imagem clara do que estava sendo dito. Os pequeninos seixos rolados de arenito do litoral se pareciam exatamente iguais aos pãezinhos que as mães colocavam nas lancheiras de seus filhos. Assim, Jesus pergunta: "que pai enganaria seu filho e, em vez de dar-lhe o pão de que ele precisa, trocaria por uma pedra?"

A pergunta seguinte é: "que pai daria a esse menino uma serpente se lhe fosse pedido um peixe?" A serpente aludia muito provavelmente a uma enguia, o que, de acordo com os preceitos alimentares dos judeus, era impura (Levítico 11:12). O que Cristo estava dizendo era: *Que pai, quando seu filho lhe pedisse um peixe, o trapacearia dando-lhe um peixe, mas um que ele não pudesse comer? Quem seria tão cruel?*

A seguir vem o escorpião e o ovo. Quando um escorpião está enrolado sobre si mesmo, em descanso, especialmente os claros, se parecem exatamente com um ovo, mas na verdade seriam aterrorizantes para uma criança. A picada do escorpião é muito dolorosa e pode até matar. Jesus perguntou: *Que pai olharia nos olhos de uma criança faminta e lhe daria algo que poderia assustá-la e feri-lo?*

Jesus está dizendo que se nós, que fazemos parte desse mundo decaído e despedaçado, não faríamos isso, mas sim correríamos para atender às necessidades de nossas crianças, o quão mais faria Deus, que nos conhece e nos ama, para atender às nossas necessidades? Mas não só isso. O amor de Deus por nós é vasto, além do que achamos que precisamos, e suas respostas despontam da profundeza de sua misericórdia e sabedoria.

A DÁDIVA DE PEDIR ÀQUELE QUE NOS CONHECE E NOS AMA

Você já se flagrou perguntando: "Deus, por que não responde às minhas orações? Preciso ouvir uma resposta sua hoje ainda sobre essa questão. Você não me escuta? Não me ama?"

Em seu comentário ao Evangelho de Mateus, William Barclary nos conta dos gregos e de seus deuses e como eles respondiam às orações. Conta-nos a história de Aurora, deusa da alvorada, que se apaixona por um mortal, de nome Titono. Quando Aurora se dá conta de que algum dia Titono iria morrer e que ela não, pede a Zeus, rei dos deuses, por uma dádiva a esse rapaz. Ele consente em um pedido, e assim ela pede que Titono viva para sempre. O que ela não pensou em fazer foi pedir que ele permanecesse jovem para sempre, e assim ele ficou cada vez mais velho — e não podia morrer. A dádiva se tornou uma maldição.

Em contraste, como escreve Barclay: "Deus irá sempre responder a nossas orações, mas jamais responderá dessa forma, sua maneira será sempre a da sabedoria perfeita e do amor perfeito."[4]

Não é uma vez, nem são duas. É para sempre

Na estrutura de linguagem grega, há dois tipos de modo imperativo. Um é o aorista, que se refere a uma ação única ou pontual de curta duração, como "Leve o cachorro para passear".

E há então o presente imperativo, que seria um comando de longa duração, como "Você será aquele que sempre levará o cachorro para passear". Quando lemos "peçam", "busquem" e "batam" em Mateus 7:7,8, todas essas palavras estão escritas no presente imperativo, o que equivale a dizer "nunca deixem de pedir, nunca parem de buscar, nunca deixem de bater".

Esta promessa é belíssima e poderosa e nos conclama à ação. Deus é aquele que nos conhece e ama completamente, então vimos a nosso Pai como as crianças que são amadas profundamente, e podemos pedir, pedir, pedir e continuar pedindo!

Deus, das profundezas de sua graça e amor, nos dá muito mais do que sequer saberíamos pedir.

É só perguntar a Zaqueu.

De marginal a uma posição de honra

Lemos a história de Zaqueu em Lucas 19:1-10:

> Jesus entrou em Jericó, e atravessava a cidade. Havia ali um homem rico chamado Zaqueu, chefe dos publicanos. Ele queria ver quem era Jesus, mas, sendo de pequena estatura, não conseguia, por causa da multidão. Assim, correu adiante e subiu em uma figueira brava para vê-lo, pois Jesus ia passar por ali.
>
> Quando Jesus chegou àquele lugar, olhou para cima e lhe disse: "Zaqueu, desça depressa. Quero ficar em sua casa hoje". Então ele desceu rapidamente e o recebeu com alegria. Todo o povo viu isso e começou a se queixar: "Ele se hospedou na casa de um 'pecador'." Mas Zaqueu levantou-se e disse ao Senhor: "Olha, Senhor! Estou

dando a metade dos meus bens aos pobres; e se de alguém extorquir alguma coisa, devolverei quatro vezes mais." Jesus lhe disse: "Hoje houve salvação nesta casa! Porque este homem também é filho de Abraão. Pois o Filho do homem veio buscar e salvar o que estava perdido."

Zaqueu era "chefe dos publicanos", o que significa que ele ocupava um alto cargo no sistema romano de coleta de impostos, mais alto do que o de Mateus quando Jesus o chamou para ser discípulo. Fica claro que ele havia se tornado um homem muito rico naquela região. Jericó era um centro importante de comércio, situado na maior rota comercial que conectava Jerusalém e as áreas vizinhas às terras ao leste do rio Jordão. Não nos é contado nada a respeito da vida pessoal de Zaqueu, se ele era casado ou não, mas uma coisa fica clara — ele não era um homem feliz. Ele tinha tudo aquilo que nos garantem ser o que precisamos para sermos felizes, mas ainda não era o bastante.

Acho que essa deve ser uma das situações mais decepcionantes para se estar na vida. Vivemos em uma cultura que nos conta várias mentiras:

Se você fosse mais magro, seria mais feliz.
Se você fosse casado com outra pessoa, seria mais feliz.
Se você tivesse mais dinheiro, seria mais feliz.

A lista segue... Então o que acontece se você está entre os "ricos e famosos" e tem todas as coisas que dizem ser necessárias para a felicidade... e mesmo assim não está feliz? Acho que essa era a vida que Zaqueu levava até o dia que ouviu falar que aquele homem chamado Jesus estava chegando a Jericó.

Zaqueu estava determinado a descobrir que agitação era aquela em torno daquele homem. Ele partiu e, eu imaginaria que sem mesmo se dar conta, se tornou um daqueles que pediam, buscavam e batiam. Correu à frente da multidão e subiu em uma árvore, sabendo que sua pouca estatura tornaria difícil ver sobre a multidão. O que ele nunca poderia imaginar era que Deus também estivesse buscando por ele.

Quando Jesus olhou para cima, para a árvore, e dirigiu-se a Zaqueu pelo nome, aposto que ele quase caiu da árvore! Então, Jesus fez algo que nenhum outro judeu faria: ele foi à casa de Zaqueu. Nada é mais pessoal que isso. Esse encontro único mudou sua vida para toda a eternidade. Pergunto-me há quanto tempo Zaqueu vinha esperando por alguém que enxergasse além das terríveis escolhas que o levaram ao isolamento e à solidão, circundado por suas frias pilhas de moedas.

Tanta coisa mais

A vida de Zaqueu fora modificada. Ele deu metade do que tinha aos pobres e, se tivesse trapaceado alguém, devolveria o valor multiplicado por quatro. A história da Igreja nos conta que Zaqueu se tornaria o bispo de Cesareia. Ele quis um relance de Deus e acabou se tornando seu servo honrado. Quando você busca Deus, somente ele sabe o que acontecerá com você. Zaqueu experimentou mais do que ele achava que seria possível.

Quando volto meu pensamento àqueles dois meninos na beirada da cama, maravilhados com a mágica do serviço de quarto e em quão radical era pedir uma pizza grande para cada um, penso em Deus olhando para nós, lá de cima, e dizendo: "Minha criança, não se contente com o que pode te alimentar por um momento. Peça mais! Há tanta coisa mais que posso dar-lhe. Você anseia por conhecer minha presença e eu anseio por revelar-me a você, se você assim o pedir. Você busca felicidade em lugares que só trarão a decepção e a dor, mas se você buscar a mim, eu serei encontrado, e você será preenchido. Você bate timidamente em minha porta perguntando-se se teria o direito de estar ali, e eu digo bata na porta com toda sua força, e eu vou escancarar as portas do céu para você. Conheço-o bem demais. Conheço as tempestades que caíram sobre você, e o chamo para ficar ao meu lado. EU SOU seu abrigo."

Ouça-o responder a seu chamado:

Se você pedir, eu responderei. Se você buscar, me encontrará. Se você bater, eu abrirei as portas.

Há mais coisas. Muito mais!

10

Lar

Eu tenho um futuro

A Promessa

Na casa de meu Pai há muitos aposentos; se não fosse assim, eu lhes teria dito. Vou preparar-lhes lugar.

João 14:2

Nunca vou me esquecer do momento em que descobri que estava grávida. Fiquei chocada e sobrecarregada de emoções. Não era uma dessas meninas que sempre sonharam com a maternidade. Eu amava os bebês de outras pessoas, mas o pensamento de tomar conta de um ser humano tão frágil era desafiador para mim. Pensava mais em mim como uma "mãe" de gato ou de cachorro.

Aos 39 anos, estava em paz com a realidade de que eu muito provavelmente nunca seria mãe de uma criança por meios naturais. Barry e eu nos casamos quando já tínhamos certa idade. Eu tinha 37 anos, ele, 32. Havíamos conversado sobre como ter filhos seria uma coisa difícil, e disse-lhe que, se quisesse ter uma prole, talvez fosse melhor ir atrás de uma mulher mais nova. Ele parecia satisfeito com a opção que fizera. Tentamos por alguns meses, e me concentrei nisso. Parecia que, se eu estivesse vinte minutos atrasada, já comprava um daqueles kits para teste de gravidez, mas o sinal de positivo nunca aparecia. Decidi que não queria ficar dependente daquele ritual mensal de esperança e desapontamento, assim, deixei a questão para lá.

Em março de 1996, Barry e eu viajamos para o estado da Flórida por alguns dias. Estava me apresentando em um concerto na igreja do Dr. D. James Kennedy, na cidade de Coral Ridge, e assim decidimos fazer um intervalo em nossos cronogramas e simplesmente curtir a mudança de ambiente.

Bem, você sabe como é o ditado: quando menos se espera, vem o que você quer. Algumas semanas depois comecei a me sentir mais cansada que o habitual, particularmente depois daquelas miniférias. Sentia-me um pouco enjoada ao me levantar. Ainda assim, não me dei conta. Até que um dia, quando estava limpando o armário do banheiro, vi que me restava um último kit de teste do pacote que havia comprado no atacado. Quase o joguei no lixo, mas, no último minuto, resolvi fazer o teste. Assim o fiz, e o deixei repousando no peitoril da janela (Perdoem-me, queridos germofóbicos).

Mais tarde, naquele mesmo dia, eu o vi e, meio que horrorizada por tê-lo deixado lá, o recolhi e joguei no cesto. Lembro-me desse momento como se tivesse acontecido em câmera lenta. Quando o bastão bateu no cesto, girou um par de vezes e alguma coisa chamou minha atenção. Aterrissou com o lado do resultado voltado para baixo, no fundo do cesto de lixo que eu acabara de limpar.

Será que eu vi um sinal de positivo?

Tenho consciência de que a maioria de nós iria imediatamente pegar o troço e virá-lo, mas não foi isso que fiz. Sentei-me no chão, ao lado do cesto, e fiquei espiando.

Como poderia um inocente pedaço de plástico ter o potencial de mudar meu mundo?

Minha mente voltou para quando minha irmã, Frances, estava no Hospital Maternidade Queen Mother's, em Glasgow, Escócia. Frances, que é dois anos mais velha do que eu, havia acabado de ter seu menininho, David, e perguntou se eu gostaria de segurá-lo.

"E se eu deixar cair?", disse.

"Você não vai deixá-lo cair", respondeu-me, com um sorriso.

"Lembre-se, Frances. Eu derrubo as coisas!"

"Tá, então sente-se na cadeira, e Ian vai levá-lo até você", disse.

Meu cunhado colocou essa minúscula pessoa embrulhada como uma panqueca em meus braços, e eu fiquei encarando-o.

"Olá, pequenino!", disse. "Sou sua tia, mas não quero que você se preocupe. Vou praticar isso de carregar coisas pela casa, como melões ou o gato. Vou melhorar nisso."

Ele fechou seus olhinhos e pôs-se a dormir.

Pensei nesta cena doce quando estava sentada ali, ao lado do cesto de lixo. Ter um filho, ficar grávida, mudaria tudo em minha vida. Peguei o bastão do lixo e o sentei no chão, ainda com o lado do resultado para baixo.

"Bem, senhor, eis o que estou pensando: se isso for negativo, é porque você realmente não tem em seus planos que eu seja uma mãe, e isso é provavelmente uma coisa boa, porque eu efetivamente deixei cair o melão e o gato. Se, por outro lado, for positivo, você está em paz com isso e me ajudará, não é? Porque, mesmo que você tenha feito os melões e os gatos, você pode me ajudar a segurar um bebê por mais de vinte minutos, não é?"

Com isso, virei o bastão de teste de gravidez e ali estava: positivo!

Chorei por um bom tempo.

Depois dancei. E depois fui para o quarto desocupado onde guardávamos os ornamentos de Natal e os presentes de casamento com os quais eu não sabia o que fazer (mas que não podia passar adiante no caso da tia Maude passar para nos visitar) e pensei: *esse vai ser seu lar agora, pequenino. Você gosta de rosa ou de azul?*

Promessas de um lar verdadeiro

Uma coisa sou eu, que tenho a tendência a deixar as coisas caírem, com 39 anos, descobrir que estava para trazer um bebê para o lar. Mas você pode sequer começar a imaginar o que deve ter sido para Maria, mãe de Jesus? Sua vida e seu mundo se abriram para uma das mais belas promessas de Deus para nós, a Promessa Definitiva, você poderia dizer, e esta é a promessa de eternidade com ele, porque ele é nosso lar.

A vida e o mundo [de Maria] se abriram para uma das mais belas promessas de Deus para nós, a Promessa Definitiva, você poderia dizer, e esta é a promessa de eternidade com ele, porque ele é nosso lar.

A promessa de Jesus antes de sua execução, "vou preparar-lhes lugar" (João 14:2), teria significado e poder únicos para Maria. A mãe de Jesus não tinha como preparar o lugar na noite em que este nasceu. Talvez ela se perguntasse se o que tinha para oferecer a Jesus seria o suficiente.

> Foi assim o nascimento de Jesus Cristo: Maria, sua mãe, estava prometida em casamento a José, mas, antes que se unissem, achou-se grávida pelo Espírito Santo.
>
> Mateus 1:18

As garotas na época de Maria eram prometidas em casamento ou desposadas quando tinham doze ou treze anos de idade. Não era um noivado como o que conhecemos hoje, que podia ser rompido a qualquer momento antes do casamento sem implicações legais. Não, este era um vínculo formal que só poderia ser rompido por um decreto de divórcio que geralmente perdurava por um ano, durante o qual não poderia haver atividades sexuais. As regras do Antigo Testamento para qualquer imoralidade ocorrida durante o noivado eram as seguintes:

> Se em uma cidade um homem se encontrar com uma jovem prometida em casamento e se deitar com ela, levem os dois à porta daquela cidade e apedrejem-os até à morte: a moça porque estava na cidade e não gritou por socorro, e o homem porque desonrou a mulher doutro homem.
>
> Deuteronômio 22:23,24

Não era bom ter uma voz baixa naqueles dias! As regras prosseguiam dizendo que se o crime acontecesse no campo, então somente o homem deveria ser morto, porque, mesmo que a menina gritasse, não haveria ninguém, além das ovelhas, para escutá-la. O período de noivado fora estipulado em um ano para garantir que a menina não ficasse grávida de outro homem.

Consegue ver a enormidade do que estava para acontecer com Maria e o que pensariam aqueles que soubessem de sua gravidez? Isso nos fala muito sobre o tipo de garota que ela era e o tipo de homem que José era, e nos ajuda a refletir sobre tudo pelo o que eles passaram para que fosse mantida a promessa do Messias voltando a seu lar para poder abrir o caminho a todos nós para nosso lar verdadeiro, com Cristo, que é nosso abrigo.

Como pôde terminar assim?

Já que todos nós sabemos como a história termina, vamos começar dali. Maria pode ter sido franzina, mas era forte. Tudo nela queria se prostrar no mesmo chão de barro que absorvia o sangue dele como um animal voraz. Em vez disso, ela se manteve de pé, e jamais tirou os olhos do rosto dele, e olhou quando ele tentava manter a respiração. Como ela desejava segurá-lo mais uma vez, como fizera quando ele era apenas um menininho correndo de lá para cá com os joelhos arranhados. Ela queria tocar o rosto dele, e limpar o sangue que estava coagulando em seus olhos no calor inclemente. Olhava para as mãos dele, cruelmente pregadas ao lenho, e se lembrava de como ele aprendera, com seu pai, a lidar com a madeira e com os pregos para juntar as coisas, e não despedaçá-las; para criar beleza, e não destruí-la.

Do outro lado, os soldados jogavam para ver quem levaria o manto que ela cosera para ele. Pensaram em rasgar o manto em dois pedaços, mas, por algum motivo, não o fizeram.

"Pai, perdoa-lhes, pois não sabem o que estão fazendo" (Lucas 23:34).

Sua voz era roufenha e seca, mas ela escutou cada palavra. Mesmo nessa fornalha de dor, ele era o mesmo. Eles haviam pregado seus pulsos a uma árvore, mas não podiam pregar sua amargura em seu coração, não importando o que fizessem a ele. Ele se perguntou até se eles teriam ouvido suas palavras: "eles não sabem o que estão fazendo." Apenas seis palavras, mas uma declaração poderosa. Enquanto as palavras ecoavam em sua alma dilacerada, ela pensou: *se soubessem o que estão fazendo, haveria ainda perdão?* Ele tornou a falar. Dessa vez falava para só um homem, a um dos que estavam sendo executados ao seu lado.

"Eu lhe garanto: hoje você estará comigo no paraíso" (Lucas 23:43).

Aquele criminoso sendo executado ao lado do seu filho não havia começado aquele dia na fé. Havia zombado e gritado com o resto deles até que ouviu aquelas primeiras palavras: "perdoa-lhes..."

Perdoa-lhes! Ainda que tal coisa fosse possível, naquele lugar decaído e bárbaro parecia chocante, impossível. Ela viu quando o homem pelejou para girar seu corpo para ver os olhos de seu filho, e ele viu o que ela sabia.

Eis o cordeiro de Deus, que tira os pecados do mundo.

Nesses últimos momentos na Terra, esta alma despedaçada encontrou liberdade. Maria se perguntou se a mãe deste criminoso não estaria, como ela, na multidão. Ele havia sido um menininho, também. Sentara no colo de sua mãe e contara-lhe todas as coisas que iria fazer quando crescesse. Aquele fim bárbaro jamais fizera parte de seus sonhos. Será que sua mãe esteve lá para ver, ao longo dos anos, os sonhos se tornarem pesadelo? Maria desejou que, se a mãe estivesse lá, pudesse ter visto a troca da morte e do desespero pela vida e pela liberdade.

Jesus tornou a falar, e dessa vez se dirigiu a ela: "querida mulher, aí está seu filho!"

Então, para João, seu amigo mais querido: "Aí está a sua mãe!" (João 19:26,27).

Quando Jesus voltou sua atenção total para ela, olhou para dentro de sua alma. O amor naquele olhar era quase mais difícil de suportar que a visão de seu corpo estropiado lutando para respirar. Ele não a chamou de "mãe", chamou-a de "mulher". Já a havia chamado assim nas bodas de Canaã, mas agora ela sabia que isso era um adeus. Como pode o coração de uma mulher conter tanta dor sem se despedaçar? Pela primeira vez, ela estava feliz que José não estivesse mais nesta Terra. Ver seu menino despedaçado e lanhado seria mais do que ele poderia suportar. Somente os corações das mulheres são feitos para isso. Sentiu o calor dos braços de João em seus ombros. Como ela amava esse jovem. Sabia o que Jesus vira nele, o amor terno, o cuidado e a devoção. João tomaria conta dela agora, e ela deixaria que ele repousasse a cabeça em seu busto e chorasse.

Jesus voltou a falar: "Tenho sede" (João 19:28).

Que ironia amarga! Ela lembrou a convocação que havia causado consternação no templo naquele dia: "Se alguém tem sede, venha a mim e beba" (João 7:37).

A convocação havia rachado a multidão. Alguns tentaram prendê-lo, outros pensaram que ele havia vindo para resgatá-los, mas poucos compreenderam a oferta.

Ela viu quando um dos soldados encharcou uma esponja no vinho e a levou aos lábios dele. O cheiro pungente do vinho carregado pela brisa chegou a Maria e, em um momento, ela se transportou de volta àquele dia em Canaã, quando tudo começara. Ele a havia chamado de "mulher" naquele dia também. Seu olhar havia penetrado nos lugares de dúvida em seu coração quando perguntou a ela: "o que isso tem a ver comigo?" Ele dissera naquele dia que sua hora ainda não havia chegado. Maria agonizava ao pensar que talvez ela tivesse apressado seu filho para essa carnificina. Ele falou só mais uma vez, duas palavras: "Está consumado!" (João 19:30).

Ao curvar a cabeça, Maria sabia que ele havia partido. Mas a maneira como ele curvou a cabeça fora deliberada. Não era como a de quem fora espancado até a morte de corpo e alma, mas como alguém que repousa a cabeça depois de um longo dia com uma tarefa impossível a ser completada. Era uma declaração de vitória.

Quando José de Arimateia e Nicodemos baixaram o corpo alquebrado de Jesus para um tecido branco imaculado, será que Maria pensou naquele dia, quando ele nascera e ela o envolvera firmemente em um pano para mantê-lo aquecido?

Os mais baixos entre todos

Maria era uma judia da tribo de Judá, e estava prometida a José, que era um carpinteiro em Nazaré. Os judeus na Galileia, e especialmente aqueles de Nazaré, eram tipos como *non-kosher* por conta da população miscigenada com não judeus. (Lembram-se de quando Nataniel disse: "pode alguma coisa boa vir de Nazaré?") Está claro que Maria e José vinham de famílias pobres. Sabemos disso porque, depois que Jesus nasceu, a oferta de sacrifício levada ao templo foram duas pombas, e não um cordeiro (Levítico 12:8). Esta era uma oferta feita somente pelos mais pobres entre os pobres. Deus não somente escolheu uma menina do lado menos afamado da cidade como também de uma família muito humilde. Se você algum dia se sentiu humilhado porque as pessoas em seu entorno vinham de famílias mais abastadas ou educadas, lembre-se do tipo de família na qual Deus escolheu colocar seu filho.

Há muitas ocasiões em que eu fico no palco em uma arena lotada, olhando para os rostos de milhares de mulheres, e me lembro da noite do meu baile de formatura do Ensino Médio. Estava tão animada com a ocasião, e queria o vestido perfeito. A moda daquele ano pedia vestidos curtos e retos, mas antes que eu pudesse falar com minha mãe a respeito disso, ela me contou que já tinha a roupa. Uma família, na igreja, havia lhe dado o vestido, e ele estava no andar de cima, sobre minha cama.

Nunca vou me esquecer do longo tempo que levei para subir aquelas escadas, orando para que, pela primeira vez na vida, eu tivesse a coisa certa para vestir. Era difícil para minha mãe criar três filhos depois da morte do meu pai, o que significava que eu tinha de vestir coisas doadas a maior parte do tempo. Abri a porta do quarto e lá estava, sobre a cama, o vestido errado. Era azul bebê, volumoso e cheio de babados. Sentei-me no chão e chorei. Sabia quanto significava para minha mãe conseguir um vestido para mim, e não queria que ela visse minhas lágrimas de desapontamento. Então, na noite do baile, coloquei o vestido, dei um grande sorriso, e caminhei os dois quarteirões até a escola.

Quando me aproximava, podia ver todas as minhas amigas chegando com os vestidos certos, e assim passei a noite no campo ao lado da escola. Não podia entrar, mas não podia deixar que minha mãe soubesse, então fiquei zanzando até que o baile terminou e voltei para casa. Eu era a filha assustada na casa. Era a que não podia andar de carro por mais de cinco quilômetros sem vomitar. Sou a mais improvável de ser solicitada a carregar o Cordeiro de Deus pela nação e à frente de grandes multidões, mas Deus escolhe colocar sua vida nos braços menos prováveis.

Deve ter sido assim que Maria se sentiu — mas quanto mais?

> O anjo, aproximando-se dela, disse: "Alegre-se, agraciada! O Senhor está com você!" Maria ficou perturbada com essas palavras, pensando no que poderia significar esta saudação. Mas o anjo lhe disse: "Não tenha medo, Maria; você foi agraciada por Deus!
>
> LUCAS 1:28-30

Não há registro de que havia mais alguém com Maria quando o anjo a saudou. Acho que teria sido muito mais fácil para ela se Gabriel tivesse aparecido quando ela estivesse jantando com sua família. Assim, ela teria testemunhas visuais daquele evento sem precedentes. Não foi isso, porém, que aconteceu. Maria teria de guardar esse segredo por um bom tempo. (Vamos falar mais sobre a graça de Deus em ter mandado um anjo para José também daqui a pouco.) O que me impressiona é que Maria não questionou o impacto que a gravidez traria à sua vida, somente como poderia estar grávida se ainda era virgem. Deus nunca se incomoda com nossas perguntas honestas, somente com nossa descrença.

Deus nunca se incomoda com nossas perguntas honestas, somente com nossa descrença.

Você talvez se lembre de que, antes de o anjo visitar Maria, ele visitou Zacarias. O anjo disse: "Não tenha medo, Zacarias; sua oração foi ouvida. Isabel, sua mulher, lhe dará um filho, e você lhe dará o nome de João" (Lucas 1:13). Zacarias não queria acreditar que isso pudesse acontecer e ficou atordoado até que João nasceu. Mas Maria acreditava que poderia portar em seu ventre o filho de Deus — ela só queria saber como Deus poderia fazer isso acontecer.

Quando lhe foi dito que ela conceberia pelo Espírito Santo, ela pronunciou essas palavras: "Sou serva do Senhor; que aconteça comigo conforme a tua palavra" (Lucas 1:38).

Aqui temos uma jovem e pobre adolescente dando boas-vindas à vontade de Deus, sabendo muito bem o quanto isso poderia lhe custar. Terá que contar a seus pais e a seu noivo, sabendo que, pela lei, José pode desgraçá-la publicamente, e que ela jamais poderá encontrar outro marido. Ela poderia, inclusive, ser apedrejada até a morte. Maria conta primeiramente a José, que fica obviamente devastado, mas não quer ferir Maria mais do que o necessário e, assim, calmamente, decide divorciar-se. Deus, em sua misericórdia, envia um anjo para José para que ele saiba que Maria está contando a verdade. Em sua saudação, o anjo lembra José de sua linhagem real como filho de Davi: "Apareceu-lhe um anjo do Senhor em sonho e disse: 'José, filho de Davi, não tema receber Maria como sua esposa, pois o que nela foi gerado procede do Espírito Santo. Ela dará à luz um filho, e você deverá dar-lhe o nome de Jesus, porque ele salvará o seu povo dos seus pecados'" (Mateus 1:20,21).

Pelos olhos de uma mãe

O que Maria deve ter pensado quando observou Jesus crescendo para se tornar um homem? Quantas coisas ela deve ter se perguntado sobre ele quando o viu operar milagres e maravilhas no começo do seu ministério? Esse pequenino que eles acolheram em seu humilde lar havia crescido e se tornado um homem que estava redefinindo o que é um lar, uma família, e como será nosso futuro.

No primeiro milagre, por exemplo, no casamento de um amigo, Maria viu Jesus pegar algo ordinário e torná-lo extraordinário. Não há menção de José nesse evento. A maioria dos comentaristas concorda que José já havia morrido e que Maria estava sozinha no casamento com Jesus e os cinco discípulos a quem Jesus chamara. Os pais, que eram provavelmente amigos de Maria, tinham ficado sem vinho. As festas de casamento naquela cultura duravam sete dias, e era uma coisa terrível ficar sem comida ou vinho. Os pais podiam até ser multados se deixassem os suprimentos se esgotarem. Assim, Maria comunicou a Jesus esse problema, e ficou vendo o que ele poderia fazer.

A reação de Cristo pareceu abrupta. Os tradutores suavizaram o grego para que lêssemos, nas traduções mais antigas: "Querida mulher, por que me envolves nisso?" A tradução literal de João 2:4 é: "Mulher, e eu com isso, e você?" Cristo deixou claro para Maria que ela agora estava só e podia cuidar dos assuntos de seu Pai. Será que ela pensou: *mas não é assim que fazemos as coisas em casa!?*

Maria disse aos servos para fazer o que quer que Jesus dissesse, e nada mais falou. Ao ficar assistindo naquele dia, ela sabia que havia começado. Vinho em um casamento não era uma grande coisa, mas era um começo. Depois viriam os milagres de cura e de alimentar multidões, e sua popularidade cresceu. Mas ela sabia que havia uma mudança de ventos, uma onda que estava vindo, quando os líderes religiosos judaicos começaram a se posicionar contra Cristo. Quando ele era um menino, ela podia usar as quatro paredes de sua casa para protegê-lo, mas já não mais.

Será que Deus via o que estava acontecendo?

Será que foi tudo errado?

Quando Maria assistia à agonia de Jesus na cruz, pode ter parecido que a maré havia mudado de modo rápido demais. Será que Maria compreendia que isso fazia parte do plano, ou será que ela achava que as trevas haviam apagado a luz? As palavras de Jesus ao ladrão na cruz ofereceram-lhe uma vida além dessa. Porém, onde, e quando? Pergunto-me se Maria não teria pensando naquela resposta que dera a Gabriel, naquele dia, "Sou serva do Senhor", respondera. "Que aconteça comigo conforme a tua palavra" (Lucas 1:38).

Que aconteça comigo conforme a tua palavra.

Que grandes palavras. Que grande ideia. Será que Maria queria retirar o que disse? Você não acha que ela deve ter questionado o plano de Deus ou perguntado se ele ainda estava no controle da situação? Será que já não estivemos todos nessa situação? Qualquer mãe poderia dizer tal coisa se assistisse seu filho ser torturado e assassinado?

Em pé, aos pés da cruz, lendo um cartaz que fora grosseiramente pregado acima da cabeça de Jesus — Jesus de Nazaré, rei dos judeus — Maria pode ter se lembrado daqueles presentes trazidos por aqueles nobres homens vindos do Oriente. Havia ouro e incenso — presentes para um rei. O terceiro presente, a mirra, agora fazia sentido. Mirra era uma erva usada para embalsamar os mortos. Enquanto olhava para o corpo ensanguentado e sem vida de seu filho, ela se perguntava: *É isso? Acabou tudo? O que foi que eu não compreendi?*

A dor da decepção

Guardei essa promessa, "vou preparar-lhes lugar", para o último capítulo por duas razões. Há coisas nessa vida que não têm explicação deste lado da eternidade. Mesmo algumas das promessas de Cristo nem sempre fazem sentido à luz do que estamos vivendo. Muitos momentos da vida parecem irredimíveis. Basta perguntar a qualquer pai que teve de enterrar seu filho, ou a alguém que viu seu ente querido sofrer muito e morrer. Pergunte se pareceu a eles que Deus tinha vindo a eles.

Agora, não estou nem por um segundo dizendo que as promessas de Deus não são cem por cento confiáveis — elas são o abrigo irredutível de sua bondade. O que estou dizendo é que algumas perguntas só poderão ser respondidas quando chegarmos em casa. Algumas feridas são difíceis de curar deste lado da eternidade.

Algumas perguntas só poderão ser respondidas quando chegarmos em casa. Algumas feridas são difíceis de curar deste lado da eternidade.

Penso em Todd e Angie Smith e na história que Angie compartilha conosco em seu livro *I Will Carry You* [Irei carregá-lo]. Você talvez conheça Todd como um dos vocalistas do grupo Selha. Quando Angie foi fazer sua ultrassonografia da vigésima semana de gravidez, foi informada de que seu bebê não teria condições de sobreviver do lado de fora do ventre.[1]

Qualquer um de vocês que já tenha perdido um filho conhece uma profunda dor e pesar que ninguém mais pode conhecer, e é somente quando você está finalmente na presença de Cristo e voltou a se reunir com aquele pequenino que deixou um buraco na sua alma é que ela será curada e completada. Ainda assim, assisti em pasmo silencioso mulheres como Angie e outras, que aprenderam a caminhar com suas feridas de uma forma a trazer glória a Cristo.

Ainda que Satanás venha a atacar
Ainda que venham as provações
Deixe que essa abençoada segurança controle
Que Cristo viu meu estado indefeso
e derramou seu próprio sangue por minha alma.[2]

Será você?

Você já esteve nessa situação? Você já se encontrou em um lugar tão infestado pela dor e, ainda assim, por conta de seu compromisso com Cristo, você deu o passo seguinte, e depois mais um, porque ele, Cristo, valia a pena? Você e eu vivemos em uma era pós-crucificação e pós-ressurreição e, assim, pela fé, até as noites mais sombrias guardam a promessa de lar. Todavia, o que dizer daqueles que atravessaram os pesadelos antes que a manhã do Domingo de Páscoa modificasse tudo? E se você tiver sido enviado para preparar o caminho para o Messias, e ele não estava no lugar que você achava ou esperava que estivesse?

Penso na fala que se tornou famosa com o filme *O campo dos sonhos:* "Se você construir, eles virão." No contexto original, se tratava de um campo de baseball que estava sendo construído sem a certeza de que, uma vez erguido, haveria jogadores para usá-lo. Mas e se você tivesse passado sua vida preparando o caminho para Cristo, o Messias, aquele no qual todas as promessas seriam cumpridas, e quando ele chegou, tudo nele pareceria tão errado quanto pareceria para um jogador de futebol em um campo de baseball. Ninguém poderia ter preparado o caminho mais completamente, ou com mais paixão, do que João Batista, mas quando Cristo, que é o Abrigo de todas as promessas de Deus, apareceu, João foi abalado.

Há poucas histórias no Novo Testamento que mexem comigo tanto quanto a história de João, o Batista. Sinto uma grande empatia pelo tipo de homem que ele era. Ainda que eu seja uma pessoa "pública", também posso ser solitária se você me der a oportunidade. Talvez seja com esse lado da vida de João que eu senti uma grande identificação, mas a parte que mais me emociona é a maneira como João morreu. Não estou me referindo à sua execução em si, que sabemos que foi um caso frio e cruel, mas o que acontecia dentro do coração e da alma de João logo antes de ele morrer.

João era filho dos sertões e do deserto. Estava acostumado às amplidões, e agora estava confinado em uma masmorra no castelo de Maqueronte, construído por Herodes, o Grande. Ele havia passado toda a vida se preparando para o momento em que pudesse dizer: "Façam um caminho reto para o Senhor" (João 1:23), mas agora estava preso a uma masmorra úmida, sua vida aparentemente nas mãos de Herodes, e ainda assim o reino prometido não havia chegado. O profeta Isaías havia falado sobre a vinda do rei que libertaria seu povo: "O Soberano Senhor vem com poder! Com seu braço forte ele governa. A sua recompensa com ele está, e seu galardão o acompanha" (Isaías 40:10).

Até onde João podia ver, nenhum reino havia chegado, e ele fora deixado em uma prisão. Onde estava a prometida liberação e vitória? Não posso imaginar a decepção, o atordoamento e o desespero que devem ter se abatido sobre João. Jesus não parecia a João ser o Messias. Quando as dúvidas começaram a assolar a sua cabeça, ele se perguntava se teria entendido tudo errado. E se ele havia dado sua vida para preparar o caminho para o Messias e tivesse identificado a pessoa errada? Assim, pediu que dois discípulos fossem procurar Jesus e fizessem a pergunta: "És tu aquele que haveria de vir ou devemos esperar algum outro?" (Lucas 7:20).

O que isso deve ter causado ao coração de Jesus? Como ele pode ter querido dizer a João Batista o que estava para acontecer? Ele deve ter ansiado libertar João para que pudesse estar lá para testemunhar a ressurreição, mas isso não estava nos planos de Deus. Assim, Jesus enviou uma mensagem de volta a João com uma estranha declaração no final. Disse-lhes para falar a João: "Voltem e anunciem a João o que vocês viram e ouviram: os cegos veem, os aleijados andam, os leprosos são purificados, os surdos ouvem, os mortos são ressuscitados e as boas-novas são pregadas aos pobres; e feliz é aquele que não se escandaliza por minha causa" (Lucas 7:22,23).

Na primeira parte dessa declaração, ele está citando Isaías 61, mas ele não citou a última parte do texto, "anunciar liberdade aos cativos e libertação das trevas aos prisioneiros" (Isaías 61:1). Não haveria libertação de João em sua prisão. Essencialmente, o que Jesus estava dizendo era: *não vou libertá-lo, João. Outros irão experimentar a liberdade que trago, mas não você, hoje não.* Em vez disso, Jesus diz: "feliz é aquele que não se escandaliza por minha causa."

Que impacto pode ter tido essa mensagem em João? Teria sido como o de sal esfregado contra uma ferida aberta? *Estou fazendo o que se espera do Messias, mas não para você, João. Você passou a vida armando o palco para mim, mas agora estou apagando as luzes que estavam sobre você. E tenho ainda uma pergunta a lhe fazer, João: você ainda me ama?*

Não consigo ler a história dessa brutal última fase na vida de João sem chorar. Viveu sua vida negando a si mesmo qualquer tipo de luxo ou indulgência, e teve de colocar sua cabeça sobre a tábua com somente um companheiro a seu lado, o carrasco, sem saber como a estrada que levaria ao lar, passando por Cristo, seria.

A declaração de Cristo para João Batista suscita uma pergunta que todos nós devemos responder em algum ponto de nossa vida: você irá sempre amar e servir a um Deus que você nem sempre compreende? Está claro como cristal para mim que há momentos na vida de partir o coração, que não farão sentido algum deste lado da eternidade.

A declaração de Cristo para João Batista suscita uma pergunta que todos nós devemos responder em algum ponto de nossa vida: você irá sempre amar e servir a um Deus que você nem sempre compreende?

Como escreveu C. G. Moore:

> Conheço poucos momentos tão desafiadores para a fé quanto aqueles em que Jesus multiplica as provas de seu poder e não o emprega.

Precisa-se de muita graça quando os mensageiros voltam dizendo: "Sim, ele tem todo o poder, e é tudo aquilo que você pensou, mas não disse nada sobre tirar você da prisão."[3]

Esta é a grave misericórdia para aqueles que creem, que sabem que Deus poderia intervir, mas não o faz por razões que só ele pode saber.

Nossa promessa, nossa esperança, nosso lar

Paulo expressou esta realidade e este desafio de forma tão bela quando disse na primeira de suas cartas à igreja de Coríntio: "Agora, pois, vemos apenas um reflexo obscuro, como em espelho; mas, então, veremos face a face. Agora conheço em parte; então, conhecerei plenamente, da mesma forma como sou plenamente conhecido" (1 Coríntios 13:12).

Portanto, pergunto a você, com o mais profundo respeito à dor que você enfrentou ou enfrenta: onde ficam as masmorras da sua vida? Você já bradou ou enviou mensagens para Jesus para pedir que ele jogasse algumas luzes sobre sua noite escura? Talvez, como João, você o viu fazendo coisas maravilhosas para os outros, mas ninguém veio socorrê-lo. Você o ouvirá lhe perguntando, como fez a João: *Você ainda me ama? Você depositará toda sua vida na fenda da rocha e deixará que lá eu seja seu abrigo? O vento ainda açoitará e a noite ainda será escura, mas eu nunca, jamais o deixarei. Esta é minha promessa para você, e até que consiga chegar em sua casa, eu a serei. Serei seu abrigo.*

Somos um povo que não vive para esse mundo. Este não é nosso lar. Mas até que vejamos finalmente Jesus face a face, ele nos prometeu que jamais nos deixará. Nos prometeu que foi na frente para preparar um lugar para nós. O que João não podia ver, quando colocou a cabeça na tábua para o carrasco, era que o abrigo estava quase completo.

Cristo, o abrigo das promessas de Deus

Quando comecei a pensar e orar por este manuscrito, tinha um objetivo em mente que servia como linha de prumo enquanto escrevia: *quais são as promessas de Cristo nas quais podemos fiar nossas vidas, nos dias melhores e nos dias piores?* Claramente, há mais promessas do que essas que incluí neste livro. Há mais de três mil promessas que nos levam das primeiras páginas do Gênesis até as últimas palavras das revelações do Apocalipse de João, em Patmos. Escolhi porém, aquelas que vi quase como pedras fundamentais de um abrigo, que suportariam um grande peso e resistiriam às piores tempestades.

Quais são as promessas de Cristo nas quais podemos fiar nossas vidas, nos dias melhores e nos dias piores?

Enquanto trabalhava no material e lia e relia os capítulos, comecei a ver uma imagem emergindo do que eu nem havia considerado. Quando a bruma dos prazos e dos afazeres começou a se dissipar, vi alguma coisa que para mim era de uma beleza estonteante. Vi que não somente todas as promessas de Deus estão cumpridas em Cristo para nos oferecer abrigo, mas que ele *é* o abrigo. Ele *é* a fenda na rocha. A promessa de Cristo para nós não é que ele nos dará abrigo, mas que ele será nosso abrigo.

O ABRIGO ESTÁ COMPLETO

Tudo começou uma noite, quando uma jovem, longe de casa, deu à luz em um lugar que oferecia muito pouco do abrigo que uma mãe desejaria para seu filho recém-nascido. O teto naquela noite fora enviado pelo céu, pois anjos cantaram "Glória a Deus nas alturas, e paz na Terra aos homens aos quais ele concede o seu favor" (Lucas 2:14). Quando Cristo cresceu, se tornou maduro e começou seu ministério, sua vida era como uma demonstração divina do coração de Deus, mas ninguém compreendeu. Ninguém viu o que ele estava construindo porque esta é a natureza humana: vemos o que queremos ver e muitas vezes ignoramos a maior das dádivas.

Alguns viram nele um guerreiro, porque queriam vingança contra os que os oprimiam há tanto tempo. Alguns viram nele apenas um operador de milagres, porque queriam que a vida fosse consertada, que fizesse sentido e queriam isso de imediato. Alguns o viram como um homem que falava a verdade em um mundo de meias-verdades, porém, poucos se deram conta de que ele era a verdade. Como cada ato de amor e gentileza, cada palavra de refutação que cortava o tecido religioso, Jesus estava lançando as bases que conduziriam ao caminho, a uma declaração radical que mudaria o mundo para sempre. Quando a última gota de sangue caiu da cruz na terra abaixo e Jesus gritou: "está consumado", o abrigo estava completo. Talvez aqueles que escutaram essas palavras marcaram o fim — como poderiam saber que essas palavras eram o começo de nossa liberdade, nossa liberação? O abrigo estava completo!

Um dia iremos nos reunir a João Batista e adorar aos pés do Cristo. Todd e Angie Smith estarão lá com seus quatro filhos, você estará lá também, e também estarão todos os homens, mulheres e crianças que depositaram sua confiança e sua fé em Jesus Cristo.

Há muitas coisas nesta vida de que não sabemos, mas sei disso: quando finalmente vir Jesus, tudo terá valido a pena. Haverá muitas mães na multidão, mas espero poder ver Maria. A deixamos aos pés da cruz, mas não foi lá que ela permaneceu.

Quando finalmente vir Jesus, tudo terá valido a pena.

Não. Ela estava, mesmo no fim, procurando por seu Jesus.

Pergunto-me quem teria contado a Maria que Jesus estava vivo.

Teria sido João? Eu o imagino correndo o mais rápido que podia (e ele deixou bem claro em seu Evangelho que era bem mais rápido que Pedro!) e, jogando seus braços em torno de seus ombros frágeis, contaria a ela: "Jesus está vivo!"

Ao limpar as lágrimas do rosto, ela sabia que voltaria a ver seu filho, e que dessa vez ele seria seu Salvador. Desta vez, ele seria aquele que limparia as lágrimas de seus olhos.

E que lindos olhos Maria nos mostra, pois eles viram o senhor.

Ele é nossa esperança.

E ele é nosso lar.

Esta é a promessa de Cristo: manter nossos corações em

casa com ele, com Deus, com o Espírito Santo. Ele se foi para nos preparar um lugar e deixou para trás pedras nas quais podemos nos sustentar, um caminho para chegar lá. Não é simplesmente que ele tenha ido preparar um lugar para nós, mas que sua vida e ressurreição tornaram possível estarmos com ele para sempre. Esta é a gloriosa dádiva dos Evangelhos. Não somente isso, mas Cristo prometeu que irá voltar e nos levar consigo para seu lar, para sempre.

Esta é a promessa de Cristo: manter nossos corações em casa com ele, com Deus, com o Espírito Santo. Ele se foi para preparar um lugar para nós.

Portanto, até o vermos face a face, que você encontre abrigo em suas gloriosas promessas.

Notas

Capítulo 1: Promessas, promessas

Preciso de alguma coisa na qual me agarrar

1. Henry, Mateus. *Matthew Henry's Concise Bible Commentary,* originalmente escrito entre 1706 e 1721, domínio público, exegeses e comentário a Êxodo 33:12-23.
2. Retirado da *Exposição da Bíblia*, de John Gill, sobre 2 Coríntios 1:20. Gill (1697–1771) pregava na mesma igreja que Charles Spurgeon, só que cem anos antes. Suas obras estão em domínio público.

Capítulo 2: Providência

Não tenho o suficiente

1. Jeffrey, Neal. *If I Can, Y-Y-You Can!* Dallas: Samsom, 2009, p. 107.
2. Wilson, Dr. Ralph F. *Thanksgiving and the Pilgrims: Don't Ask the Blessing, Offer One*, artigo online no website do Joyful Heart Renewal Ministeries [www.joyfulheart.com].

Capítulo 3: Paz

Estou com medo e me sinto sozinha

1. Letra e música de Bob Bennet, *Man of the Tombs* © 1989 Matters of the Heart Music (ASCAP), www.bobbennett.com. Usado com permissão da editora e do autor.
2. Ibid.
3. Ibid.

Capítulo 4: Confiança

Não consigo enxergar o plano de Deus nesta dor

1. Tozer, A.W. *We Travel an Appointed Way*. Camp Hill: Christian Publications, 1988, p. 3.
2. Young Sarah. *Jesus Calling*. Brentwood: Integrity, 2004, p. 134.
3. Morgan, Robert J. *The Promisse*. Nashville: B&H, 2008, p. 91.
4. Harvey, Edwin e Lilian e Hey, E. *They Knew Their God*. vol. 1. Harvey and Tait Publishers, 1980; Old Tract Path Society, 1996. Sobre texto de Brendle, Samuel Logan (1860–1936), *Soldier and Servant*.

Capítulo 5: Amor

Não acredito que alguém possa me amar de verdade

1. Há uma referência à "filha" em Lucas 23:28, quando Jesus se volta para uma multidão de mulheres enlutadas que o estão seguindo na Via Dolorosa, onde ele será crucificado, e diz: "Filhas de Jerusalém, não chorem por mim; chorem por vocês mesmas e por seus filhos!" Mas a mulher hemorrágica foi a única mulher que temos conhecimento a quem Jesus tenha olhado no rosto e chamado de "filha".

Capítulo 6: Graça
Eu fracassei

1. De acordo com o website Marriage 101, a taxa de divórcios nos Estados Unidos para um primeiro casamento é de 41%; para um segundo casamento, é de 60%. *Divorces Rates in America*, www.marriage101.org.
2. Marley, Raymond E. Is It the Home of Peter? Miraculous Discoveries in The City of Miracles. In: *Jerusalem Review 9,* número 9, edição para internet. Disponível em www.leaderu.com/theology/isithome.html

Capítulo 7: Esperança
Estou em pedaços

1. Randy Elrod, citado em seu blog em 15 de junho de 2010, www.randyelrod.com, em post intitulado *The Lie About Sexual Inequality.*
2. Roseveare, Helen. *Give Me This Mountain.* Gleanis House, Escócia: Christian Focus, 2006, 1996, p. 86.
3. Stoneman, Tonya. *Can You Thank Me for This?*, www.suffering.net/thank.htm.
4. McDonald, William. *The Believer's Bible Commentary.* Nashville: Thomas Nelson, 1995, comentário sobre Lucas 7:37,38, p. 1.395.

Capítulo 8: Força
Sinto como se as coisas estivessem me soterrando

1. Tada, Joni Eareckson. *Joy Hard Won.* In: *Decisions,* março de 2000, p. 12.
2. Keats, John, *carta a Benjamin Bailey*, 25 de maio de 1818, disponível em www.englishstory.net/keats/letters/baile2125May1818.html.

Capítulo 9: Mais
Sei que há algo melhor

1. *The New Bible Dictionary*. Leicester, Reino Unido: IVP, 1962, verbete "blessed".
2. Lewis, C. S. *The Weight of Glory*. Nova York: Harper Collins, 2011, p. 26.
3. O *The Word Biblical Commentary* identifica essa passagem como uma perícope, como também o faz o *The Expositors Bible Commentary*.
4. Barclay, William. *The Gospel of St. Matthew*, vol. 1. Louisville: Westminster John Knox Press, ed. rev. 1975, p. 271.

Capítulo 10: Lar
Eu tenho um futuro

1. Smith, Angie. *I Will Carry You: The Sacred Dance of Grief and Joy*. Nashville: B&H, 2010.
2. *It Is Well with My Soul*, letra de Horatio G. Spafford. Domínio público.
3. Moore, C. G., citado por Thomas, W. H. Griffith. *Outline Studies in the Book of Luke*. Grand Rapids: Kregel, 1998, p. 129.

Guia do leitor

Capítulo 1: Promessa, promessas

Descobrir

Leia 2 Coríntios 1:20 e Êxodo 33, e então responda às seguintes perguntas:

1. De que forma você vê que as promessas de Deus foram cumpridas na pessoa de Cristo?
2. Moisés queria *saber* que sua identidade estava em Deus e não nele mesmo (Êxodo 33:15,16). Como você sabe que sua identidade está em Cristo?
3. Ainda que o povo de Deus não tivesse fé, ele estava disposto a dar sua compaixão a eles (v. 19). Por quê?
4. Como Deus deu abrigo aos israelitas? De que modo ele é seu abrigo?

Acreditar

5. Todos temos histórias diferentes para contar, e muitos entre nós irão abordar a ideia das promessas de Deus de perspectivas únicas. O que vem à sua mente quando pensa nas promessas de Deus?

6. Em Êxodos 33, Moisés roga a Deus que se lembre de suas promessas. Que promessas eram essas, e como Deus se lembrou delas? (p. 25)
7. Foi-nos feita a promessa de que Deus nos segura em suas mãos. Você se sente "seguro por Cristo"? Quando e de que maneira você sente isso de mais forte (por exemplo: durante momentos de crise, quando você passou um bom tempo lendo sua Palavra etc.)?
8. Por que Deus quereria manter suas promessas para nós quando erramos tanto, e com tanta frequência?

Viver

9. Uma vez que vivemos em um mundo onde somos os recipientes de tantas promessas que jamais serão cumpridas, é difícil para você acreditar de coração que as promessas de Deus nunca serão rompidas? Por quê?
10. "As promessas de Deus não tratam de nós, mas tratam dele" (p. 34). Explique, em suas próprias palavras, o que isso significa. Você já passou por isso pessoalmente?
11. Como você faz para trazer o foco de sua vida a Deus quando a vida lhe traz tantos desvios atribulados, como a perda de um membro familiar, uma enfermidade ou outros períodos de tristeza?

Guarde de cor nesta semana: "Pois quantas forem as promessas feitas por Deus, tantas têm em Cristo o 'sim'. Por isso, por meio dele, o 'Amém' é pronunciado por nós para a glória de Deus" (2 Coríntios 1:20).

Capítulo 2: Providência

Descobrir

Leia Marcos 6, e depois responda às seguintes perguntas:

1. Por que Jesus instruiu seus discípulos a não levarem suprimentos e provisões para suas missões? Como isso parece estranho para você? Como você teria reagido a essa situação?
2. O que Jesus esperava para (e de) seus discípulos?
3. Os discípulos relataram a Jesus todo o trabalho que haviam feito, e ele disse a eles: "Venham comigo para um lugar deserto e descansem um pouco" (vv. 30,31). Sobre o que você imagina que eles conversaram enquanto descansavam? Que "descanso" Cristo ofereceu a você em sua rotina diária?

Acreditar

4. Quando você faz um cômputo honesto de sua vida, hoje, que necessidades sente? Você tem medo que Deus possa não prover a essas necessidades?
5. Você acredita, quando descansa em Jesus, que tudo é realmente possível? Quais são as coisas "impossíveis" em sua vida hoje que você gostaria que Deus tornasse possíveis?

Viver

6. Deus promete prover para qualquer missão a que ele tenha nos convocado. Que missão arriscada Deus confiou-lhe? Você está apto para a tarefa?
7. Há vezes em que as palavras não podem ajudar e nossos amigos não conseguem alcançar nosso pesar, e em que só podemos recorrer a Jesus. Como ele tem atendido suas necessidades hoje? Esta semana? Este ano?
8. Jesus nos oferece a oportunidade de fugir com ele, escapar do estresse da vida e relaxar. Você já aceitou seu convite alguma vez?
9. Para onde você vai quando sente que está exaurido? Para onde Deus quer que você vá? Que coisas práticas você fará essa semana para se voltar a Deus para seu repouso?

Guarde de cor nesta semana: "O meu Deus suprirá todas as necessidades de vocês, de acordo com as suas gloriosas riquezas em Cristo Jesus" (Filipenses 4:19).

Capítulo 3: Paz

Descobrir

Leia Marcos 4:35-5:13, e depois responda às seguintes questões:

1. Jesus e seus discípulos estavam empreendendo uma jornada difícil para um local desagradável (leia mais na página 76). Para que fizeram tal esforço?
2. Quando Cristo fala às tempestades, dentro e fora do coração de uma pessoa, elas obedecem. O que isso significa para você?
3. De que forma a autoridade de Jesus, vista nesta história de forma dramática, é uma fonte de consolo para seus seguidores?

Acreditar

4. A palavra grega para "paz" é *eirene,* que significa, "um estado de bem-estar sem atribulações ou distúrbios". Como você definiria a paz, baseando-se em suas experiências de vida?
5. Você já se viu atormentado pelas escolhas que está fazendo na vida, ou em uma tempestade por um sentimento de autodesprezo? Como você pode se mover desse lugar para um lugar de paz em Cristo?
6. Você anseia para que sua vida conte uma história diferente daquela que está vivendo? Se for assim, que história seria essa?
7. O que você diria ao endemoninhado gasareno ou ao sem-teto do parque de Londres se você tivesse a oportunidade de se encontrar com qualquer um deles? Como você comunicaria o amor de Deus a eles?

Viver

8. Você já passou pela experiência de ondas sacudindo o barco que é sua vida, temendo se afogar nas tempestades que o cercam? O que o levou a esse lugar?
9. De que maneiras Jesus acalmou esses mares para você?
10. Quais são as feridas com que você vem convivendo? Está disposto a convidar Deus para curá-las?

Guarde de cor nesta semana: "Deixo-lhes a paz; a minha paz lhes dou" (João 14:27).

Capítulo 4: Confiança

Descobrir

Leia 2 Reis 17:34-40 (sobre os samaritanos) e João 4:1-26, e depois responda às seguintes questões.

1. Por que os samaritanos eram tão repulsivos aos judeus? (Veja as páginas 91 e 92 para saber mais).
2. De que maneira a conversa de Jesus com a samaritana enfatiza a ideia de que sua dádiva de salvação é uma dádiva *gratuita*?
3. Como vemos a verdade de Romanos 8:28 ("Deus age em todas as coisas para o bem daqueles que o amam") na história da samaritana? Qual foi seu legado?

Acreditar

4. Deus promete que ele usará todas as coisas para o bem daqueles que o amam. Você acredita que isso seja verdade para sua vida? Separe um tempo para imaginar como isso seria.
5. Por que os judeus odiavam os samaritanos tão profundamente? Você já sentiu ou presenciou esse tipo de ressentimento?
6. O que você acredita que o fará feliz nesta vida? O que as Escrituras nos prometem que nos fará feliz?

7. Jesus não recrimina a samaritana por seu envolvimento com muitos homens. Em vez disso, ele oferece a ela a única coisa que poderá satisfazê-la — a relação com ele mesmo. De que forma a intimidade da compaixão de Jesus e a generosidade de sua dádiva causam impacto em você?

Viver

8. Em que áreas de sua vida — sua aparência, sua saúde, sua família etc. — você já se sentiu sozinho ou isolado, ou mesmo envergonhado, achando que não poderia dar conta?
9. Como Deus poderia usar a dor em sua vida para trazê-lo para mais próximo dele? Já aconteceu isso em sua experiência de vida?
10. Você considera o Espírito Santo um parceiro de oração? De que forma enxergá-lo assim poderia mudar sua vida de oração? E seu ponto de vista sobre os problemas que você enfrenta regularmente?

Guarde de cor nesta semana: "Sabemos que Deus age em todas as coisas para o bem daqueles que o amam, dos que foram chamados de acordo com o seu propósito" (Romanos 8:28).

Capítulo 5: Amor

Descobrir

Leia Marcos 5:24-34, e depois responda às seguintes perguntas:

1. Como Jesus soube que a mulher o havia tocado? Qual é o significado de sua força passar à mulher?
2. Que angústia mental você imagina que a mulher estava sentindo? Por que ela estava disposta a correr o risco de tocar Jesus?
3. Como você acha que a mulher se sentiu, sabendo que havia sido curada imediatamente? Você acha que essa é uma história que ela contou para o resto da vida?

Acreditar

4. Muitas pessoas se sentem discriminadas por comunidades cristãs. Deus convenceu-o a estender a mão amorosa para qualquer grupo que possa estar se sentindo rejeitado pela Igreja?
5. Que problema ou questão você está enfrentando em sua vida hoje? Nesta semana? Neste ano? Procure por uma promessa de Deus que trate desse assunto (use um livro de referência bíblica), e então leia este versículo, como um lembrete do amor e da compaixão de Deus.
6. Jesus nunca nos dá o que *achamos* que precisamos. No lugar disso, ele nos dá o que ele *sabe* que precisamos. Você já sentiu essa verdade em sua vida?

Viver

7. A mulher que tinha hemorragia, no Evangelho de Marcos, assumiu um risco tremendo ao tocar o manto de Jesus. Estava desesperada por uma resposta para seus problemas, ela arriscaria tudo por um pouco de esperança. Você já se sentiu assim?
8. Quando você estendeu a mão em busca de esperança e agarrou-se a ela como à própria vida? O que restaurou sua esperança em Cristo?
9. Como o amor transformou sua vida?
10. Você já contou a Jesus sobre a verdade em sua vida? Leve algum tempo para anotar em um diário seu testemunho — a história de sua vida vista pelo filtro de Jesus buscando-o para ser seu filho. Depois ore, agradecendo a Jesus por sua redenção.

Guarde de cor nesta semana: "Pois estou convencido de que nem morte nem vida, nem anjos nem demônios, nem o presente nem o futuro, nem quaisquer poderes, nem altura nem profundidade, nem qualquer outra coisa na criação será capaz de nos separar do amor de Deus que está em Cristo Jesus, nosso Senhor" (Romanos 8:38,39).

Capítulo 6: Graça

Descobrir

Leia Lucas 15:11-32, e depois responda às seguintes perguntas:

1. Faça uma lista de todos os elementos ofensivos ou chocantes neste relato, como o filho exigindo a herança ou o filho vivendo entre os porcos. Por que Jesus foi a esses extremos para demonstrar um filho tão rebelde?
2. O que aprendemos sobre a graça de Deus nessa história?
3. Feche os olhos e imagine a cena, se colocando como o filho rebelde e Deus o Pai correndo pelo caminho para abraçá-lo. Como você se sente? Isso lhe traz motivação?

Acreditar

4. Você, bem no fundo, acredita que Deus nos ama a todos da mesma forma, ou você acredita que ele realmente gosta mais das pessoas que dedicam suas vidas para servi-lo e para o sacrifício?
5. O único lugar onde podemos passar pela experiência do amor incondicional é no coração de Deus. Esse amor divino é chamado de *graça*. Quando você ouve a palavra "graça", o que vem à sua mente?
6. Quando você escuta a história do filho pródigo, com quem você se identifica mais? Por quê? Você acredita que esse aspecto de seu caráter pessoal pode receber a graça?
7. Por que Deus esconde de nós alguns dos mistérios da fé? Como esses mistérios causam impacto em sua vida espiritual?

Viver

8. Deus tem o tipo de força que compensa nossas fraquezas. Tente lembrar-se de uma vez em que Deus foi a força de que você precisou. Faça uma lista das maneiras com que ele proveu para você essa necessidade.
9. De que forma você vivenciou o amor "sem precedentes, ultrajante e avassalador"?
10. O que é preciso para que você reconheça sua necessidade de graça suntuosa e imerecida em sua vida?

Guarde de cor nesta semana: "Minha graça é suficiente para você, pois o meu poder se aperfeiçoa na fraqueza" (2 Coríntios 12:9).

Capítulo 7: Esperança

Descobrir

Leia Lucas 8:1-3, e depois responda às seguintes questões:

1. Qual era a origem da dor de Maria Madalena antes que conhecesse Jesus?
2. Como seu encontro com ele modificou sua vida para sempre? Sinta-se livre para imaginar o que aconteceu no dia em que Jesus a resgatou.
3. Já aconteceu de "o céu invadir seu inferno"? O que aconteceu, e de que maneiras você ficou diferente?

Acredita

4. Pense em seus sonhos para a vida. Imagine as possibilidades e considere suas expectativas. Como as promessas de Deus se encaixam nessa visão?

5. Reveja as Escrituras mencionadas nesse capítulo e pense em outros exemplos que você conhece a partir de seu estudo bíblico — em que passagens há pessoas em sofrimento, e de que maneira Deus proveu para elas?
6. De que maneira Maria Madalena batalhou para agarrar-se às promessas de Deus? Como você pode aprender com ela?
7. Deus promete nunca, jamais, nos abandonar. Você, bem no fundo, acredita nisso?

Viver

8. Você já se viu tentado a "dourar" as promessas de Deus, como se fosse um profissional de relações públicas?
9. Por quais situações dolorosas e solitárias você teve de passar em sua vida? Você se sentiu sozinho na empreitada? Ou sentiu a presença de Deus dando-lhe apoio?
10. Nesse capítulo, lemos que Deus é luz, amor, graça, uma dádiva, uma fenda na rocha para que possamos nos esconder. Em suas palavras, o que é Cristo para você?

Guarde de cor nesta semana: "Deus mesmo disse: 'Nunca o deixarei, nunca o abandonarei'. Podemos, pois, dizer com confiança: 'O Senhor é o meu ajudador, não temerei. O que me podem fazer os homens?'" (Hebreus 13:5,6).

Capítulo 8: Força

Descobrir

Leia João 13:1-17, e então responda às seguintes questões:

1. O versículo 3 dessa passagem nos mostra o "porquê" do comportamento de Jesus naquela noite. Qual foi sua motivação, o que isso significa para *você*?

2. A resposta entusiasmada é típica de Pedro. Você reage dessa maneira, ou é mais cauteloso? Você acredita que haja certo ou errado para isso?
3. De que forma essa cena nos mostra o sentido das promessas de Jesus para nós?

Acreditar

4. De que maneira você tem vivido uma "vida cuidadosa"? Você tem se atado em quem Deus projetou que você fosse? Por quê?
5. Deus prometeu a Isaías: "Darei a você os tesouros das trevas, riquezas armazenadas em locais secretos, para que você saiba que eu sou o Senhor, o Deus de Israel, que o convoca pelo nome" (Isaías 45:3). Que tesouros você descobriu nas trevas de sua jornada?
6. Como podemos saber, ou como podemos nos lembrar que Deus está nos apoiando mesmo quando a noite é tenebrosa e a dor está embotando a vida a nossa frente? O que, especificamente, você pode fazer para ater-se à esperança da luz de Deus quando tudo o que vê são trevas?
7. Jesus escolheu passar suas horas finais na Terra em um lugar de fraqueza e humildade — lavando os pés de seus discípulos. Por quê? Como ele "venceu o mundo" nesse momento?

Viver

8. Todos nós temos batalhas nessa vida, algumas mais ameaçadoras que outras. Você já passou pela experiência da emoção que John Keats descreveu dessa forma: "aquele humor que, se estivesse sob a água, acho que não bateria os pés para chegar à superfície"? Você já pensou em desistir? O que o manteve na luta?
9. Ainda que Jesus conhecesse a dor que teria de enfrentar na cruz, ele achou tempo para parar e orar por seus amigos. Que dores seus

amigos e familiares estão enfrentando neste momento? Nenhum de nós passa pela vida sem marcas, portanto, se você não está ciente de suas batalhas, vá mais fundo nesses relacionamentos nesta semana e descubra o que está magoando as pessoas que você ama. Então comece a jornada orando por eles e amando-os.

10. A promessa de Jesus é "tenham ânimo! Eu venci o mundo". Como isso muda sua perspectiva hoje?

Guarde de cor nesta semana: "Eu lhes disse essas coisas para que em mim vocês tenham paz. Neste mundo vocês terão aflições; contudo, tenham ânimo! Eu venci o mundo" (João 16:33).

Capítulo 9: Mais

Descobrir

Leia Mateus 5:17-20, e depois responda às seguintes perguntas:

1. Por que a observância das leis era tão importante aos judeus nos dias de Jesus?
2. O que significa Jesus ter vindo "cumprir a lei"?
3. Você acredita que vive pela lei ou pela graça de Deus? Por quê?

Acreditar

4. O que você tem sonhado em adquirir recentemente — uma nova pintura para a sala de estar, uma nova mesa de jantar, uma roupa da moda para um evento importante, uma casa melhor? Escreva sua lista de "eu quero" em um diário ou em uma folha avulsa de papel. Agora escreva por quanto tempo essas coisas o irão satisfazer antes que você queira substituí-las.
5. O que você acha que Jesus quis dizer de verdade quando nos disse: "Peçam, e lhes será dado" (Mateus 7:7)? De que forma ele satisfaz seus desejos?

6. Nas páginas 191 e 192 Sheila explica as diferentes camadas de significado da palavra "abençoado". Como você definiria esta palavra? Por que essa é uma escolha significativa para começar o Sermão da Montanha?
7. Por que os líderes religiosos estavam tão irritados — mesmo furiosos — com Jesus pela mensagem de seu Sermão da Montanha?

Viver

8. Por que a vida é muito mais complicada e estressante quando focalizamos nas regras? No que deveríamos focalizar?
9. Releia o Sermão da Montanha (Mateus 5-7) com olhos renovados. Que hábitos arraigados em você ou expectativas suas Jesus colocou de cabeça para baixo nessa passagem das Escrituras?
10. Volte à sua lista de itens da pergunta 4. O que você está *realmente* buscando na vida? De que forma as promessas de Deus preenchem esses desejos?

Guarde de cor nesta semana: "Peçam, e lhes será dado; busquem, e encontrarão; batam, e a porta lhes será aberta. Pois todo o que pede, recebe; o que busca, encontra; e àquele que bate, a porta será aberta" (Mateus 7:7,8).

Capítulo 10: Lar

Descobrir

Leia João 14:2,3 e João 19:16-27, e depois responda às seguintes perguntas:

1. O que você acha que Maria pensava enquanto assistia a Jesus passar de menino para adulto? Você acha que ela temeu não ter compreendido direito quando o viu ser crucificado?
2. De que forma estão essas duas passagens das Escrituras conectadas? Que significados guardam para você?

3. De que forma a promessa de Jesus de prover para você, de ser seu abrigo, é central para o que você acredita?

Acreditar

4. Que medos, alegrias e tristezas Maria vivenciou como mãe do filho de Deus, especialmente ao vê-lo crescer e se tornar um homem?
5. O que revolta sua alma, quando você lê a história de Maria, mãe de Jesus?
6. Esse capítulo trata das dúvidas que todos que conheceram Jesus devem ter sentido. Que dúvidas você teve? Jesus já as respondeu para você?

Viver

7. Quando é dito a Maria sua arriscada tarefa — carregar o filho de Deus — ela responde com humildade confiante — "Sou serva do Senhor; que aconteça comigo conforme a tua palavra" (Lucas 1:38).Você esteve disposto a aceitar a vontade de Deus quando se deparou com desafios na vida?
8. Você alguma vez já se encontrou em uma situação prenhe de dor, e ainda assim, por conta de seu compromisso com Cristo, você teve disposição para dar o próximo passo na fé? O que aconteceu?
9. Até que ponto você está disposto a amar e servir a um Deus que você nem sempre compreende? Até que ponto você está disposto a servi-lo?
10. Quando João se deu conta de que Jesus estava vivo, correu o mais rápido que podia até Maria para contar-lhe que ela iria voltar a ver seu filho e, dessa vez, que ele seria seu salvador. Quem deu a você essa mensagem maravilhosa? Você já a compartilhou com mais alguém?

Guarde de cor nesta semana: "Na casa de meu Pai há muitos aposentos; se não fosse assim, eu lhes teria dito. Vou preparar-lhes lugar" (João 14:2).

Sobre a autora

Sheila Walsh é uma comunicadora, professora bíblica e escritora *best-seller* com mais de quatro milhões de livros vendidos. Uma palestrante de destaque no projeto *Women of Faith* [Mulheres de fé], Sheila alcançou mais de três milhões e meio de mulheres ao combinar, artisticamente, honestidade, vulnerabilidade e humor com a Palavra de Deus.

Autora do livro de memórias *best-seller Honestly* [Honestamente] e do indicado ao Gold Medallion da Associação Americana dos Editores Cristãos, *Beautiful Things Happen When a Woman Trusts God* [Coisas lindas acontecem quando uma mulher confia em Deus], lançou seu primeiro romance, *Angel Song* [Canção do Anjo], e escreveu vários livros infantis, incluindo *Gigi, a princesinha de Deus,* publicado pela Thomas Nelson Brasil.

Sheila foi coapresentadora do programa de televisão *The 700 Club* e de seu próprio show, *Heart to Heart with Sheila Walsh*. Atualmente está completando seu mestrado em teologia e vive em Dallas, no estado do Texas, com seu marido, Barry, seu filho, Christian e dois cachorrinhos, Belle e Tink.

Visite seu website: www.sheilawalsh.com

Facebook: www.facebook.com/sheilawalshconnects

Twitter: @sheilawalsh, www.twitter.com/sheilawalsh

Este livro foi composto em Bembo12/14.5 e impresso pela umlivro sobre papel Pólen Natural $80g/m^2$ para a Thomas Nelson Brasil.